임석재 글·사진

나는 한옥에서 풍경놀이를 즐긴다

창으로 만들어내는 한옥의 미학

▤▥ 이상의 도서관 29

한길사

▋▍▋ 이상의 도서관 ²⁹

나는 한옥에서 풍경놀이를 즐긴다

지은이 · 임석재
펴낸이 · 김언호
펴낸곳 · (주)도서출판 한길사

등록 · 1976년 12월 24일 제74호
주소 · 413-756 경기도 파주시 교하읍 문발리 520-11
　　　www.hangilsa.co.kr
　　　E-mail: hangilsa@hangilsa.co.kr
전화 · 031-955-2000~3　　팩스 · 031-955-2005

상무이사 · 박관순 ㅣ 영업이사 · 곽명호
편집 · 박희진 안민재 ㅣ 전산 · 김현정 ㅣ 마케팅 및 제작 · 이경호 박유진
경영기획 · 김관영 ㅣ 관리 · 이중환 문주상 장비연 김선희

출력 · 지에스테크 ㅣ 인쇄 · 중앙문화인쇄 ㅣ 제본 · 일광문화사

제1판 제1쇄 2009년 10월 12일
제1판 제3쇄 2011년　9월 10일

값 20,000원
ISBN 978-89-356-6142-8　03610

• 잘못 만들어진 책은 구입하신 서점에서 바꿔드립니다.

이 도서의 국립중앙도서관 출판시도서목록(CIP)은
e-CIP 홈페이지(http://www.nl.go.kr/cip.php)에서 이용하실 수 있습니다.
(CIP제어번호: CIP2009002988)

옛날 선조들은 창 조작을 통해 하루에도 수십 번씩 변하는
다양한 풍경화를 집 안 가득 담아놓고 살았다. 창 만드는 행위가
붓 놀려 난초 치는 그림 그리기와 동일한 의미를 갖는다니,
진정 풍류의 극치요 예술의 극치라 아니할 수 없다.

창으로 그리는 무한한 풍경화

• 책머리에 부치는 말

한옥, 관심은 높지만 이해는 낮다

최근 한옥에 대한 관심과 인기가 높아지고 있다. 한옥열풍은 여러 측면에서 새로운 사회현상으로 나타나고 있다. 답사 등 문화재에 대한 관심에서 시작해서 한옥에서 며칠 자고 오는 체험으로 옮겨 가더니 아예 한옥을 지어서 사는 사람들도 늘고 있다. 부수적 현상이긴 하지만 가회동을 비롯하여 옥인동 등 도심의 한옥도 덩달아 인기가 오르고 있다.

문명 차원에서 보면 서구식 압축 근대화가 정점에 이르면서 그 피로현상을 우리의 전통문화로 치유하려는 현상이다. 일종의 복고풍인데 흔히 얘기하는 포스트모더니즘의 복고풍과는 다른 양상이다. 포스트모더니즘에서는 복고풍이 소비 대중주의를 돕는 장식 고전주의인 반면, 한옥은 과거의 건물유형을 통째로 리바이벌시켜 직접 들어가서 사는 점에서 차이가 크다. 이런 점에서 매우 경험적이고 생활적이라 할 수 있다.

주거문화의 차원에서 보면 아파트 생활에 질린 사람들의 대안 찾기 성격이 짙다. 아파트는 천편일률적이어서 생활의 다양성을 담아내지 못한다. 공중에 매달려 옴짝달싹할 수 없는 열악한 주거형식이다. 수십 층짜리 건물 수천 채가 빼곡하게 들어서 있는 맨해튼 같은 초과밀지역을 제외하고 세계 어디에도 수십 억짜리 상류층 주거가 아파트인 나라는 없다. 사람들은 이런 비정상적인 현실에 대한 대안으로 한옥을 찾는다.

한옥의 유행은 당연히 바람직한 현상이다. 아파트에서 벗어나려는 움직임이 일어난 것 자체만으로도 박수를 보낼 일이며, 그 대상을 우수한 주거양식인 한옥으로 잡은 점에서 더 그렇다. 큰 방향은 매우 잘 된 셈이다. 구체적으로 들어가 보면 어려움도 있다. 제일 먼저 경제적 문제가 있다. 공사비가 일반 주택에 비해 3~4배가량 비싸서 아무나 짓지 못하는 점이 제일 큰 문제이다. 한옥은 조선시대 상류 지배계층인 양반의 집이어서 원래부터 비싼 집이었다. 가급적 마당이 많아야 집의 장점이 충분히 살아나며 설계와 시공 등 전체 공정에 잔손이 많이 가기 때문이다. 나무가 적은 우리나라에서는 목재가 비싼 재료라는 점도 크게 작용한다. 또 목재로 집을 짓는 일은 높은 수준의 전문성이 요구된다. 이것을 현대에 재현하려다 보니 한옥은 어쩔 수 없이 부자들이나 한번 엄두를 내볼 주택이 되어버렸다.

내용의 측면에서 보면 한옥의 참맛과 가치를 제대로 이해하지 못한 채 막연히 표피적으로만 받아들이는 점이 큰 문제이다. 아직 어렸을 때 한옥에서 살아본 기억이 있는 세대가 살아 있는 점은 다행스럽다 하겠지만 정작 한옥에 대한 이해도는 낮아 보인다. 한옥의 장점을 잘 알지 못한 채 그저 '우리 것은 좋은 것이여'에서 더 나아가지 못하고 있다. 한옥이 친환경적이라면서 여름에 아파트와 별 차이 없이 에어컨을 사용한다. 겨울에도 햇빛을 충분히 활용하거나 즐기지 못하고 기계난

방에 의존한다.

전문가들도 마찬가지여서 한옥에 대한 연대기나 역사적 정보 등을 수집하고 실측을 하는 수준에 머물고 있다. 정작 한옥이 왜 좋은지에 대해서 건축적으로, 나아가 우리의 일상 생활용어로 잘 설명할 수 있는 사람은 참 드물다. 한옥에 대한 출판 경향도 비슷한 양상이다. 한옥이 왜 좋은지, 무엇을 어떻게 느낄 것인가에 대한 연구와 설명이 있어야 하는데 지금까지 출판된 책들 가운데에는 이것이 전무하다. 특히 최근 한옥 짓기 등 실용서 위주로 출판이 편중되는 경향은 우리의 정신수준을 보여준다는 점에서 우려스럽다.

이 책은 이런 경향에서 벗어나 한옥의 가치를 제대로 이해하고 즐기는 데 초점을 맞췄다. 이를 위해 '창 조작'이라는 매우 체험적인 관점을 취했다. 내 손으로 창을 이렇게 저렇게 조작함으로써 무궁무진하게 변하는 한옥의 다양한 풍경작용을 소개하고 있다. 한옥은 문 하나만 열고 닫아도 그 차이가 굉장히 크다. 십수 개의 창이 열리고 닫히는 정도에 따라 한옥은 끊임없이 다양하게 변한다. 차경·장경·자경에서 콜라주와 바로크에 이르기까지, 이런 내용들을 정밀하게 감상하고 그 의미를 파악할 수 있어야 한옥을 제대로 안다고 할 수 있다. 이 책은 한옥의 사상적·정서적 배경은 물론 구체적인 설명을 통해 한옥의 가치와 장점을 드러내고자 했다.

'풍경작용'이라는 한옥의 진수

한옥을 보면 우리 조상들이 머리가 참 좋았고 세계에 내놓을 만한 훌륭한 건축가들이었다는 사실을 강하게 느낄 수 있다. 한옥은 주거 측면에서뿐 아니라 건축 전체의 관점에서 보더라도 세계의 우수한 건축물 가운데 하나이다. 공간구성은 참으로 오묘하기 짝이 없으며 구조 디테일은 소박하면서도 정교하며 품위가 있다. 한옥은 장인과 집주인의 합작품인데, 서양식의 건축가라는 직업은 우리에게 없었지만 서양의 천재 거장들 작품에 조금도 뒤지지 않는, 아니 오히려 이들을 능가하는 뛰어난 공간능력과 조형감각으로 넘쳐난다.

한옥의 장점을 한 마디로 요약하면 무궁무진한 다양성을 체험적이고 감각적으로 선사한다는 점이다. 계절에 따라 햇빛과 바람을 적극 활용하는 것은 물론, 창을 액자로 활용해서 시시각각 다양하게 변하는 풍경을 그려낸다. 또 변화무쌍한 집 구조는 그 자체가 즐거운 놀이터가 된다.

특히 한옥의 특징과 장점에는 비의도적인 것이 많다. 옛날 선조들이 특별한 목적의식 없이 그저 당시 처한 상황에서 자신들에게 가장 잘 맞는 집을 지은 것인데 지금에 와서 보니 우리에게 장점으로 부각되는 경우이다. 겉으로 확연히 드러나지 않고 한 가지 형식으로 구체화되지도 않으면서, 생각지도 못했던 곳에서 의외의 특징과 장점을 드러낸다. 어떤 때는 마치 몇백 년 후 지금 우리의 상황을 예견이라도 한 듯 "너희들 이런 거 없지? 이런 게 간절하지? 여기 있단다" 하며 준비해두었다 보여주는 것이 아닐까 하는 생각이 들 정도이다. 이렇게 비의도적이면서 깊숙이 숨어 있는 내용을 캐내야 한다. 창을 통한 풍경작용 같은 체험적 감상은 가장 좋은 접근방법이다.

이때 한옥을 감상하는 데에도 단계가 있다. 처음에는 외곽에서만 머문다. 그러나 이래서는 한옥의 100꺼풀 가운데 2, 3꺼풀만 벗겨 보는 것에 불과하다. 한옥의 진수는 그 속에 숨어 있는 98겹이다. 방 속으로 들어가서 속을 헤집고 다니면서 창을 끊임없이 여닫아봐야 비로소 진수를 알게 된다. 처음에는 공간의 관점에서 창을 이리저리 열고 닫게 되지만 나중에는 저절로 바깥환경과 함께 생각하게 된다. 창은 곧 액자로 변하면서 바깥풍경을 담아내는 풍경화로 발전한다.

제일 좋기는 한옥에 직접 살면서 일상생활에서 이것들을 즐기는 것이지만 반드시 그렇지 않아도 좋다. 답사를 가서 한옥의 장점들을 잠깐씩이나마 즐기는 것만으로도 중요한 의미를 갖는다. 우리 감각을 높은 차원에서 즐겁게 해주어 정서순환에 큰 도움을 준다. 한옥의 미학과 건축적 장점은 무궁무진하다. 한국적 건축형식이 집약적으로 집대성된 건물이다. 굳이 유행이 아니더라도 어떤 형식으로든지 한옥을 연구하고 보급하는 일은 꼭 필요하다.

현대적으로 한옥을 재구성해야 한다

한옥은 반드시 옛날 것과 똑같이 지어야만 정답은 아니다. 제일 좋기야 말할 필요도 없이 한 채 전부를 옛날 한옥과 똑같이 짓는 것이다. 한옥은 수많은 특징들이 복잡·오묘하게 작동하기 때문에 그 장점이 구현되는 제일 높은 단계는 바로 이런 종합적·유기적 상태이다. 그러나 여러 여건상 이것은 쉽지 않은 일이다. 한옥 짓기 열풍이라지만 한 해에 지어지는 한옥 수를 아파트에 비교하면 미미할 뿐이다.

이런 상황에서 가급적 많은 수의 사람들이 일상적으로 한옥의 혜택을 누리는 길은 그 장점을 여러 등급으로 나누어 즐기는 것이다. 한옥에는 한옥을 한옥답게 만드는 수많은 요소들이 복잡하게 얽혀 있다. 이것을 건축적으로 풀어내서 구현할 수 있고 실제 사용자 쪽에서 이를 잘 이해해서 활용할 수 있다면, 집 한 채 전부를 한옥으로 짓지 않아도 한옥의 장점을 누리고 살 수 있게 된다. 예를 들어 현대식 집에 부분적으로 한옥 요소를 반영할 수도 있는 것이다. 이를 위해서는 반드시 한옥의 장점과 특징을 체험적으로 즐길 줄 알아야 한다.

한옥을 현대적으로 재해석하는 일이 필요하다는 사실은 생활방식이 바뀐 점을 생각해보면 더욱 그렇다. 한옥은 산업화 이전, 수공예 시대 · 좌식문화 · 농업문명 · 남존여비와 가부장적 계급사회 등의 산물이다. 한옥에 나타난 많은 특징들은 이런 시대상황을 반영한다. 반면 지금은 산업화된 기계공예의 시대이며, 입식과 좌식을 혼용하고 있다. 산업문명 · 남녀평등 · 가족평등 · 민주주의 · 평등사회 등의 시대이기도 하다. 생활방식과 가치관 등 많은 것들이 바뀌었다. 따라서 한옥을 옛날과 똑같이 지어서 살면 오히려 불일치가 일어나며 한옥의 장점을 충분히 살리지 못한 채 피상적으로 되기 쉽다.

실제로 지금 지어지는 많은 한옥들을 보면 한옥의 장점을 모두 죽이고 현대식 주택에다 껍질만 한옥으로 씌운 것들이 많다. 이것은 건축가 · 건축업자 · 사용자 등이 모두 한옥의 장점에 대해서 너무 모르기 때문이다. 그저 옛날과 똑같이 지은 다음 불편한 점을 현대식으로 고치면 된다는 안일한 생각에서 빚어지는 현상이다. 천장에 서까래나 대들보가 드러나고 지붕에 기와만 얹으면 한옥이 다 되었다고 생각한다. 한옥의 특징에서 시대적 배경을 걷어내고 이것을 건축적 · 조형적 장점으로 환원해내는 능력이 절대적으로 필요하다.

시대를 초월한 한옥의 보편적 장점을 추려내면 지금 우리 시대에 적용할 수 있게 된다. 이럴 경우 형식에 많은 자유가 생긴다. 불편하고 재래적인 것을 감수하지 않아도 되기 때문에 현대식으로 보강할 필요도 없어지고, 따라서 껍질만 한옥을 흉내내는 일에서 벗어날 수 있다. 이를 가능하게 해주는 것은 한옥을 체험적으로 받아들이는 것이다. 물리적 유구를 그대로 짓기보다는 그 내용을 건축적으로 반영해 한옥의 장점을 몸소 체험하자는 것이다.

창을 수천 번 넘게 열고 닫으며

한옥을 포함해서 전통건축 답사를 다니기 시작한 것은 대학 때부터이다. 지금부터 자그마치 20년도 더 전이라, 기억해 보면 한옥을 접하는 상황이 지금하고는 많이 달랐던 것 같다. 그때는 아직 문화재를 체계적으로 관리하지 못하던 때였다. 지금 문화재로 지정되어 있는 한옥 가운데 많은 수가 당시에는 문화재가 아니었다. 시골 여기저기 흩어져 있는, 그냥 오래된 집에 불과했던 것이다. 그래서 지금은 비어 있는 문화재급 한옥에 당시에는 사람들이 많이 살고 있었다.

어느 집인지 기억은 잘 나지 않지만, 한번은 답사를 갔는데 할아버지 한 분이 대청에 누워 창밖을 보며 노래를 흥얼거리고 계셨다. 나도 무의식적으로 그 창을 함께 바라보았는데 창밖으로 무척 아름다운 풍경이 담겨 있었다. 그 할아버지가 지금 이 책에서 분석한 것처럼 한옥의 창을 풍경작용으로 이해했는지, 다양하게 창을 조작해서 즐길 줄 알았는지에 대해서는 잘 모르겠다. 다만 그때 보았던 그 장면이 인상 깊게 남았다. 그후 나는 20년이 넘게 답사를 다니면서 그때 할아버지가 내게 던진 화두를 푸는 작업을 계속해왔다.

한옥은 무척 힘들고 버거운 대상이다. 농축적이고 은유적이어서 고도의 해석능력이 필요하다. 그럼에도 그 단아하고 담백한 멋에서 헤어

나오지 못하고 허우적대며 전국의 한옥을 찾아 해매왔다. 다양하게 변하는 한옥의 오묘함은 무궁무진하다. 대찰의 대웅전 한 채 면적 정도밖에 안 되는 관가정 한 채에서 천 장 이상의 컷이 나올 정도이다. 한 집에서 창문을 여닫기만 수백 번, 지금까지 한옥 문을 여닫은 수가 수천 번, 아니 수만 번도 됨직하다.

그러던 어느 날 문득 머리를 치고 지나가는 생각이 있었다. '풍경'. 바로 그 할아버지가 던진 화두이기도 했다. 내가 수십 장의 풍경화를 그리고 있다는 생각이 든 것이다. 한옥의 가변성에 대한 해답이 시원하게 풀리는 순간이었다. 창을 한 번씩 여닫을 때마다 다른 풍경화를 그리는 것이었다. 이 책을 관류하는 창 조작과 풍경작용이라는 아이디어는 그렇게 만들어졌다.

마지막으로 감사의 말씀을 드리며 이 글을 맺고자 한다. 나이가 들수록 감사할 분들이 줄어드는 걸 보면 인생을 잘못 사는 것이 아닌가 하는 두려움이 큰데, 우선 졸고를 출판해주신 한길사에 감사드린다. 그리고 언제나 변함없이 사랑하는 가족, 두 딸과 애들 엄마에게 감사드린다.

2009년 9월
임석재

나는 한옥에서 풍경놀이를 즐긴다

창으로 만들어내는 한옥의 미학

III 풍경의 절정

이 책에서는 풍경·풍경작용·풍경장면·풍경요소·풍경조각 등의 단어를 쓰고 있다. 큰 범위에서는 '풍경' 하나로 통일해도 무방할 수 있으나 이해를 높이기 위해서는 구별해서 쓰는 것이 좋다. 특히 이 책은 한옥을 '풍경'이라는 한 가지 주제만으로 살펴본 것이기 때문에 다소 엄밀한 구별을 권하고 싶다.

- 풍경: 우리가 흔히 일반적으로 사용하는 개념과 크게 다르지 않으며, 풍경작용·풍경장면·풍경요소·풍경조각 등을 포함하는 포괄적 의미를 갖는다.
- 풍경작용: 창을 통해 풍경이 만들어지는 과정·원리 등을 의미한다.
- 풍경장면: 풍경작용을 통해 만들어진 창 속의 구체적인 결과적 상태를 의미한다.
- 풍경요소: 풍경장면을 구성하는 개별요소를 의미한다.
- 풍경조각: 풍경요소를 하나하나 떼어서 조각물로, 말 그대로 조각내서 본다는 의미이다.

풍경작용으로 즐기는 한옥

• 프롤로그

한옥 다양성의 비결

한옥은 참으로 다양하다. 여러 한옥들이 큰 차이 없이 비슷해 보이지만 세밀하게 보면 서로 많이 다르다. 한 채의 한옥 내에서도 무한에 가까운 변화가 일어나며, 한시도 고정된 모습으로 존재하지 않는다. 한옥을 제대로 알기 위해서는 먼저 그 다양성의 본질과 특징을 파악할 수 있어야 하며, 다음으로 한옥을 이리 만지고 저리 만져서 다양성을 만들어낼 줄 알아야 한다. 마지막으로 그 의미를 파악하고 즐길 줄 알아야 한다.

다양성의 핵심에 풍경작용이 있다. 한옥의 다양성은 액자인 건물골격과 그 액자 안에 담기는 풍경요소로 나누어 생각할 수 있는데, 풍경작용은 이 둘의 협동작업을 가리킨다. 구체적 결과물인 풍경장면은 저절로 만들어지는 것이 아니고 건물골격의 작품이다. 건물골격 자체가 주변의 풍경을 끌어들여 함께 어울리도록 만들어졌다. 한옥은 혼자 존재하지 않는다.

끌어들이는 정도와 방식도 다양하다. 점잖거나 혹은 살갑게, 형식적이거나 혹은 맘껏 흐트러트리며, 방 안 깊숙이 혹은 먼 풍경으로 등 실로 다양하다. 병풍을 활짝 펼듯 대청 전면에 웅장한 풍경이 압도하기도 하고, 관음을 즐기듯 깊은 곳에 손바닥만한 은밀한 장면으로 아껴보기도 한다.^{사진 1, 2}

한옥을 아는 가장 좋은 방법은 한옥에 사는 것이다. 이것이 힘들다면 짬을 내 답사를 가서 즐기다 올 수 있다. 짧지만 며칠 묶는 한옥 체험 프로그램도 있다. 한옥의 다양성은 집 전체에서 종합적으로 파악되어야 하지만 아쉬운 대로 요소화해서 현재 사는 집에 부분적으로 차용할 수도 있다. 어쨌든 한옥의 다양성은 체험으로 느끼고 즐겨야 할 대상이다. 그래야 비로소 그 참맛을 알 수 있고, 수많은 한옥 유구들의 차이를 이해하며 각각의 특징을 파악하고 가치를 매길 수 있다.

한옥에 산다고 풍경작용의 다양성을 완전히 알고 즐길 수 있는 것은 아니다. 한옥의 건물골격을 잘 조작해서 풍경작용을 만들어낼 줄 알아야 한다. 이러기 위해서는 시대적 배경을 알아야 한다. 한옥은 기본적으로 '유교-봉건-농경-전제왕조-계급사회'의 시대에 양반이라는 상류 지배계층의 주택양식이었다. 한옥에는 지난 시대의 문명가치가 고스란히 들어있다. 풍경작용은 이것들의 자연스러운 발로이다. 당시 한옥에 살던 구성원과 한옥을 조영한 장인들이 가지고 있던 세계관·가치관이 종합적으로 작용한 결과물이 풍경작용이다. 좁혀 얘기하자면 풍경작용은 당시 일상생활에서 집을 즐기기 위한 고도의 조형 전략이 낳은 종합 결과물이다.

이제 시대와 문명이 바뀌었다. 바뀌어도 너무 많이 바뀌었다. '서양 문명-산업 자본주의-물질 기계문명-민주주의' 등이 대표 가치관이 된 시대이다. 이런 시대에 아무리 한옥에 산다고 해도 옛날에 한옥을

1 관가정 사랑채

대청에서 바라본 양동 일대 전경. 언덕 위에 위치하기 때문에
동네 전체를 관조할 수 있는 풍경이 만들어진다.

즐기던 것과 같아질 수는 없다. 집은 가치관과 생활방식의 종합적 발로이다. 한옥의 물리적 골격이 그렇게 나타난 것은 그 당시 가치관과 생활방식이 반영된 결과이다. 사람의 몸과 마음, 육체와 정신이 하나로 작동하듯 건물도 그러하기 때문이다. 물리적 골격이 한옥의 몸이라면, 그것을 짓고 그 속에서 사는 사람의 가치관은 정신이요 생활방식은 마음이다. 이것들은 하나로 합해 나타나며, 하나로 합해 작동한다.

한옥을 조선시대 사용자들과 똑같이 이해하고 즐길 수는 없지만 최대한 근접할 수는 있다. 사실 반드시 옛날과 똑같아져야 좋은 것은 아니다. 똑같아질 필요도 없다. 문제는 두 가지이다. 하나는 최소한의 본질은 알고 있어야 한다는 것이고, 다른 하나는 이것을 바탕으로 적절한 해석을 가해 우리의 상황에 맞춰 즐겨야 한다는 것이다. 이를 위해 한옥에 대해 어느 정도의 깊이 있는 이해와 지식이 필요하다.

풍경작용을 바탕으로 한옥의 다양성을 이해하고 즐기는 것은 좋은 방법이다. 한옥에서 다양성의 비밀은 일차적으로 물리적 골격이 다양하게 변하는 데 있다. 창과 문에 간단한 조작만 가하면 집은 신기할 정도로 변한다. 힘은 중요한 변수가 아니다. 어른 혼자 정도의 힘만 있으면 충분하다. 완전히 딴 집이 되었다고 말해도 좋은 정도로 변한다. 요즘에 가변형 아파트가 나오지만 이것과는 비교도 안 될 정도로, 한옥은 변신의 폭이 넓으며 또한 쉽게 변한다.

한옥의 가변성은 곧 항변이다. 한시도 가만히 있지 못하고 항상 변한

◀ **2** 관가정 사랑채
사진 1과 같은 집인데 이렇게 다른 두 장면이 나온다.
이것 외에도 관가정 사랑채 한 채에서만 수십 가지의 다양한 풍경장면이 나온다.
집이 가변적이기 때문에 나타나는 현상이다.

다는 의미이다. 집에 가변성을 극대화한 이유는 여러 가지인데 정신적 · 물리적 · 심리적 배경으로 나누어 생각할 수 있다. 가장 먼저 자연현상과 세상만물의 작동원리를 '변화무쌍함'으로 파악한 동양사상의 기본입장이 있다(정신적 배경). 다음으로 여름에 시원한 바람을 잘 받고 겨울에는 따뜻한 햇빛을 집 안 깊숙이 끌어들이기 위한 실용적 목적이 있다(물리적 배경). 마지막으로 집을 하나의 풍경요소로 파악하여 생활을 즐기며 주변환경과 어울리고자 하는 의도가 있다(심리적 배경).

사상적 배경을 알기 위해서는 일정한 지식이 필요한데 이것은 '지'(知) 해당된다. 바람과 햇빛의 이로움을 취하는 것은 이로움에 해당되는데 이것은 '호'(好)의 가치이다. 마지막으로 생활을 즐긴다는 것은 '락'(樂)의 가치이다. 공자는 사람들이 사물을 대하고 세상을 파악하는 방식에는 '지-호-락'의 세 가지가 있다고 했으며 이 가운데 '락'을 최고로 뽑았다. 한옥을 이해하고 접할 때에도 마찬가지로 즐기는 것이 최고의 경지이다. 한옥을 즐기는 최고의 방법은 항변하는 모습을 파악하는 것인데 창의 가변성을 통한 풍경작용이 이것의 핵심을 이룬다.

언뜻 보면 한옥은 한 가지 상태로 고정된 것처럼 보인다. 솟을대문을 열고 들어가 마주하는 첫 인상은 다소 무거워 보인다. 검은 지붕을 눌러쓰고 말수 적은 사내처럼 무뚝뚝한 침묵의 모습이다. 시골에 있을 경우 적막함까지 더해진다. 겨울에 창이라도 꽁꽁 닫고 있으면 속을 알 수 없는 철옹성 같다. 입을 꼭 다문 무뚝뚝한 사내처럼 말 붙이기가 힘들게 느껴진다. 가부장제가 심할 때 형성된 집인 점을 감안하면 이렇게 보이는 것도 무리는 아니다. 첫인상을 이렇게 받고 나면 그다음에 한옥을 대하는 태도는 지극히 단순해진다. 그저 몇 분 내에 휙 한 번 둘러보고 나오기 일쑤이다. 솟을대문 앞에 있는 안내문이나 한 번 읽는 것이 한옥과 친해지기 위해 하는 전부이다.

이렇게 해서는 안 된다. 한옥의 특징은 다양성에 있고 이는 곧 항변이다. 한옥은 묵직한 겉보기와 달리 언제라도 끊임없이 변할 준비가 되어 있고 실제로 항상 변한다. 한옥의 가치를 제대로 이해하고 즐기기 위해서는 하루를 온전히 머물며 한옥이 만들어내는 수많은 풍경거리를 감상할 줄 알아야 한다. 한옥에서 일어나는 풍경작용은 어떤 그림보다도 우아하고 오묘하다. 자연경치를 능가할 리야 없겠지만 산과 절벽, 숲과 강을 접할 때에는 느낄 수 없는 특별한 무엇인가가 넘쳐난다. 복잡다단한 집 속에서 일어나는 섬세한 작용이기 때문에 자연이 주지 못하는 색다른 멋을 준다.사진 3 여기에 한번 맛 들리면 왕의 궁전도, 부처의 대웅전도 부럽지 않다.

한옥의 풍경작용은 주변을 관조(觀照)의 입장으로 대한 결과이다. 이것은 결국 주체인 내가 대상인 주변을 대하는 입장, 즉 주체와 대상 사이의 관계의 문제이다. 매우 철학적인 주제이기도 하고 일상생활에서 매일 부딪히는 대인관계의 문제이기도 하다. 한옥의 풍경작용에는 한국인이 주변을 대하는 다층적 구도가 고스란히 반영되어 드러난다. 주체와 대상 사이의 관계라는 인간사의 근원적인 문제에 대한 한국적 민족성이 건축물을 통해 조형적으로 나타난 것이다. 한옥 자체가 다양하게 변하면서 이것과 한 몸으로 일어나는 풍경작용 역시 다층적으로 일어난다.

관조는 다층적 풍경작용을 모두 아우르는 핵심적 입장이다. 대상을 대할 때 이성적 시비판단이나 공리적 이해타산을 하지 않고 마음을 텅

▼ **3** 김동수 고택 사랑채
건물을 짜는 골격부터 항상 변할 준비가 되어 있다.
수많은 문 가운데 하나만 조금 움직여도 나타나는 풍경은 달라진다.

비워 받아들인다. 분석해서 우열의 가치판단을 하지 않으며 좋고 싫음의 차별도 하지 않는다. 있는 그대로, 직관으로 받아들여 감상하고 즐기겠다는 태도이다. 흥이 나면 감정이입을 하여 하나가 될 수도 있고, 그렇지 못하더라도 최소한 대상과 동등한 입장에서 그 존재론적 특질과 가치를 온전히 인정하겠다는 입장이다.

솟을대문에서 안채까지

한옥에서 풍경작용은 단계적으로 일어나는데 크게 둘로 나눌 수 있다. 하나는 관찰자가 집 밖 멀리에서 집 안으로 좁혀 들어오면서 일어나는 풍경작용이다. 옥외에서 집을 바라보는 경우로 집과의 원근감에 따라 스케일 변화를 동반하며 접하게 된다. 다른 하나는 관찰자가 실내로 들어와 집 안에서 집 밖을 바라볼 때 일어나는 풍경작용이다. 주로 대청과 방을 오가면서 접하게 되는데 특히 창 조작을 통해 가변성의 극치를 이룬다.

옥외공간에서 일어나는 풍경작용은 전경(全景)에서 시작된다. 먼발치서 집의 전체 모습을 하나의 풍경으로 파악하는 것이다. 이것이 풍경일 수 있는 근거는 일차적으로 자연을 배경으로 하고 있기 때문이다.^{사진 4} 자연을 풍경으로 받아들일 때 집까지 포함시키는 것이다. 집이 산세에 순응하고 자연배경과 모나지 않게 생기면 자연과 하나 되는 풍경작용은 더욱 분명해진다. 그러나 아직 이것만으로는 부족하고 더 중요한 요인이 있다. 집을 바라보는 관찰자의 마음상태가 관조의 입장을 유지하는 것이다. 집이 자연과 어울리게 된 것 자체가 관조의 산물이기 때문에 이것을 감상하는 가장 좋은 방법 또한 관조이다.

4 독락당 전경

멀리서 한옥의 전경을 볼 때 자연배경과 함께 집 전체가 풍경요소가 된다.
주변 자연환경과 모나지 않게 어울리면서 집은 풍경요소가 될 수 있다.

한옥을 감상하는 첫 단계는 몇십 미터 떨어진 먼발치서 시작된다. 뒷짐을 지고 눈도 지그시 감았다 떴다 하며, 집을 뒷산과 주변풍경과 함께 하나의 큰 풍경으로 받아들여야 한다. 배산임수를 기본으로 했기 때문에 뒷산과 주변풍경은 중요한 배경 역할을 한다. 앉은 품새가 첫인상으로 눈에 들어오고 다음으로 건축적 구성이 파악된다. 건축적 구성은 집의 분위기로 발전한다. 이런 여러 요소들이 합해져 집의 전경을 이룬다. 말 그대로 '전체적인 풍경'이다. 이 단계는 한옥을 산과 숲 대하듯 감상하는 단계이다. 집을 산과 숲의 구성요소로 끼워 넣어 함께 파악하는 단계이다.

다음은 10미터 앞까지 접근하는 단계이다. 이 지점에서는 시선의 각도상 지붕의 중첩 같은 전경 요소는 사라지는 대신 행랑채와 솟을대문, 말하자면 한옥의 얼굴과 마주하게 된다. 행랑채의 칸 수를 셀 수 있게 되고 솟을대문을 통해 집 안 속내가 어렴풋이 눈에 들어온다. 특히 행랑채의 바깥 면은 기능적으로 보아 담에 가깝기 때문에 솟을대문에 뚫린 구멍은 강한 대비를 이루며 시선을 집중시킨다. 이 구멍이 이를테면 액자에 해당된다. 구멍을 통해 들여다보는 순간 액자에 의한 풍경작용이 시작된다. 솟을대문의 풍경작용이 처음 모습을 드러내는 순간이자 액자작용이 처음 일어나는 단계이기도 하다. 전경이 집 전체를 하나의 큰 덩어리로 보는 것과 달리 솟을대문에서는 초점을 향한 액자작용이 일어난다.

물론 10미터 정도 떨어져 있기 때문에 솟을대문 속 풍경은 아직 크기가 작고, 보이는 장면도 집의 일부분에 불과하다. 행랑채를 구성하는 여러 칸 가운데 하나일 뿐이다. 그러나 분명 틀림없는 풍경작용이다.^{사진 5}

솟을대문에 바짝 다가서면 본격적인 풍경작용이 시작된다. 솟을대

5 구봉종택 솟을대문

집 밖 사람들에게 집 안 모습을 풍경작용으로 보여준다.

집과 일정한 거리를 두되 야박하게 자기를 감추지 않고 밖과 소통한다.

문 하나를 통해서도 매우 다양한 장면이 풍경으로 잡힌다. 집 전체가 보이기도 하고 일부만 보이기도 한다. 원근의 거리차이와 시선의 각도 등에 따라 솟을대문의 액자작용도 다양하게 변하는데 이것은 결과적으로 풍경을 다양하게 만든다. 솟을대문의 액자작용과 풍경작용은 집 안에서 창을 통해 일어나는 작용들과 거의 유사하다. 차경·자경·장경·중첩·족자·거울작용·문양종합·병풍·콜라주 등 창을 통해 일어나는 여러 풍경작용 대부분이 솟을대문에서도 일어난다. 단, 바로크와 소품화는 솟을대문에서는 일어나지 않고 창에서만 일어난다. 솟을대문을 통해 일어나는 다양한 풍경작용들에 대해서는 각 작용들을 독립된 장에서 다룰 때 함께 살펴볼 것이다.

솟을대문을 통과하고 나면 행랑마당인데 완전히 다른 세계가 펼쳐진다. 사랑채가 한눈에 들어오는 점이 가장 두드러진다.^{사진 6} 이 지점에서 풍경작용은 사랑채의 구성에 따라 달라진다. 사랑채의 대청이 전면에 위치할 경우 대청의 앞뒤면을 통해서 풍경작용이 일어난다. 사랑채의 각 방들이 전면에 위치할 경우 창을 통해서 풍경작용이 일어난다. 두 경우 모두 아직 실내로 들어가지 않고 밖에서 사랑채를 바라본 것인데도 창을 통한 풍경작용이 일어나기 시작한다.

사랑채 실내로 들어가면 본격적인 풍경작용의 향연이 펼쳐진다. 대청은 다른 장소보다 상대적으로 개방이 더 많이 되어 있기 때문에 풍경작용이 더 쉽고 다양하게 일어난다. 대청에 앉아서 한 바퀴 휘 둘러보면 이쪽에도 풍경작용, 저쪽에도 풍경작용이다. 창이 없는 전면은 시원하게 뚫린 풍경이 들어오면서 큰 단위로 풍경작용이 일어난다.^{사진 1} 후면은 창을 갖기 때문에 창을 통해 후원의 풍경을 받아들인다. 대청에 방이 붙어 있을 경우 풍경작용의 다양성은 절정을 이룬다. 사랑채에서

6 북촌댁 솟을대문

집 안으로 들어가기 직전 단계로, 밖을 대면하는 사랑채의 전경이 드러난다.
액자는 전면을 차지하고 풍경요소가 그 속을 꽉 채운다.

7 정여창 고택 사랑채

두 개의 액자 속에 대청, 대청 건너편 문, 마당, 퇴와 처마,
그 처마를 받치는 기둥 등 다양한 풍경요소가 담겨 있다.
문을 여닫는 정도와 시선의 각도에 따라 다양한 풍경을 그릴 수 있다.

방을 통해 바깥풍경을 접하게 되기 때문에 시선의 각도와 창의 조작에 따라 다양한 경우의 수들이 만들어진다.

방으로 들어가도 다양성은 유지된다. 방에서 일어나는 풍경작용은 둘로 나눌 수 있다. 먼저 창을 통해 바깥풍경을 보는 경우이다. 이때에는 창을 조작하는 데에 따라 풍경작용이 변화한다. 풍경요소가 나무 같은 자연이냐 집과 같은 인공물이냐에 따라 분위기가 달라진다. 다음은 방의 문을 통해서 대청을 보는 경우이다. 대청 내부와 건너편 방 등 집의 일부가 풍경요소가 될 수도 있고 대청 밖에 있는 마당이 풍경요소가 될 수도 있다.^{사진 7} 방에 앉아서 대청을 통해 마당을 보는 경우는 대청에서 방을 통해 풍경작용을 만들어내는 경우를 뒤집은 것으로 볼 수 있다.

사랑채를 지나면 중문과 안채가 나온다. 중문을 통한 풍경작용은 솟을대문과 크게 다르지 않다. 가장 큰 차이는 중문 높이가 더 낮기 때문에 문이 형식화하는 액자의 크기가 보다 작고 이에 따라 시선의 각도도 수평에 머무는 점이다. 행랑마당이 충분히 크지 않은 경우 중문 앞에서 확보할 수 있는 거리가 더 짧다는 점도 차이이다. 한편 안채에서 일어나는 풍경작용은 사랑채와 대체적으로 유사하다. 대청과 방으로 나눌 수 있으며 각각의 경우에서 일어나는 풍경작용도 유사하다.^{사진 8} 하지만 안채는 사랑채보다 평면구성이 더 획일적이기 때문에 풍경작용의 종류가 한옥 유구마다 많이 다르지는 않다. 그러나 하나의 안채 안에서 일어나는 풍경작용의 종류는 여전히 사랑채만큼 다양하다.

한옥은 풍경을 담고 풍경은 사람을 품네

한옥에서 일어나는 풍경작용은 매우 다양한데 그 배경은 여러 가지이다. 가장 먼저 물리적 골격을 들 수 있다. 한옥은 창과 각 방에서 집의 전체 구성에 이르기까지 스케일 변화에 따라 물리적 골격 자체가 다양하게 변한다. 이것은 액자가 다양하게 변한다는 의미인 동시에 액자를 바라보는 관찰자의 위치와 시선 등도 다양해진다는 의미이다.

물리적 골격의 특징을 다음과 같이 좀더 자세히 요약할 수 있다. 첫째, 방과 집의 기본 속성을 채움이 아닌 비움의 개념으로 정의함으로써 풍경을 담을 수 있는 여유가 준비된다. 둘째, 액자에 해당되는 창이 무궁무진하다고 할 만큼 다양하게 변한다. 셋째, 건물에 꺾임이 많아서 다양한 시선작용과 풍경을 만들어낸다. 막힘과 뚫림이 변화무쌍한 점이 특히 풍경작용을 더 다양하게 만든다. 평면구성이 분할·증식으로 이루어지면서 팔다리가 뻗어나가듯 각 채가 독립적으로 존재하기 때문이다.

이 세 가지 특징을 종합적으로 이해하면서 물리적 골격을 적절히 조작할 수 있을 때 풍경요소는 집과 일체가 되면서 다양한 장면을 연출한다. 가장 기본적으로 방의 본질을 벽의 고형성이 아닌 공간의 비움 상태로 받아들이는 자세가 필요하다. 창이 열리고 닫히며 작동하는 방식을 다양하게 구사할 줄 알아야 하며, 집이 분할·증식하며 꺾이는 원리를 파악하여 풍경요소를 대입시킬 줄 알아야 한다.사진 9 풍경작용이 일어나기 좋은 지

◀ **8** 한규설 대감가 안채
중문을 중심으로 안팎의 마당이 풍경요소로 들어가는데,
사랑채의 풍경작용과 크게 다르지 않다.
안채는 사랑채보다 한옥 유구별 평면구성이 더 획일화되어 있다.

9 | 나상열 가옥 사랑채
안쪽 방에서 문을 열면 바깥쪽 방의 문이 '액자 속 액자'로 들어오고 다시 그 속에
처마와 기둥과 마당이 풍경요소로 들어온다. 꺾임이 많은 공간구조를 잘 활용한 예이다.

점을 잡아 그 쪽에 액자를 들이대야 한다는 뜻이다. 사실 이런 행위마저도
인위적이어서는 안 된다. 살면서 자연스럽게 일어나는 것이 제일 좋다.

물리적 골격 다음으로, 집을 둘러싼 외부요소를 끌어들여 다양성을
배가시킨다. 특히 집 스스로가 풍경요소가 되는 것이 가장 두드러진
특징이다. 한옥은 풍경을 만들어내고 즐기는 주체인 동시에 자기 스스
로가 풍경을 이루는 구성요소가 된다. 자유자재로 전도가 일어나면서
쌍방향으로 작동한다. 내가 있는 곳은 나를 중심으로 풍경작용이 일어
나는 출발점이지만 저쪽 채에서 보면 거꾸로 풍경요소가 된다. 방 안
에 앉아서 자기 집을 자기가 볼 수 있다는 점은 한옥만의 대표적 장점

이기도 하다.^{사진 10}

풍경의 일반적 의미에 해당되는 자연도 중요한 풍경요소가 된다. 자연은 비단 풍경작용에서뿐 아니라 한국 전통건축 전반에서 가장 큰 화두로, 여러 방식으로 전통건축 형성에 영향을 끼쳤다. 이 가운데 자연을 감각의 대상으로 받아들여 흠뻑 즐기는 경향이 가장 한국답다 할 수 있다. 이 경향은 다시 두 방향으로 나뉜다. 하나는 햇빛과 바람을 실용적으로 이용하는 경향이다. 방 안 깊숙이 햇빛을 받아들이고 바람을 사방팔방으로 잘 통하게 만들어, 열 환경에서 이득을 보고 심리적으로도 안정을 취한다. 다른 하나는 지금 얘기하고 있는 자연을 풍경요소로 활용하는 경향이다. 마당 안에 설치한 조경요소가 주된 역할을 한다. 경우에 따라서는 담 밖 너머로 머리를 내민 나무도 풍경요소로 끌어들인다. 심지어 저 멀리 펼쳐진 산자락까지도 풍경요소로 활용한다.

물론 풍경요소를 활용하는 경향이 한옥만의 독점적 특징은 아니다. 일단 창이나 문만 있으면 어느 집에서든 풍경작용이 일어난다. 아파트마저도 창을 열면 바깥풍경이 눈에 잡히는데 이것도 풍경작용임에 틀림없다. 한옥만의 고유한 특징은 풍경작용이 무궁무진 다양하게 일어난다는 데에 있다. 각도나 방향만 조금 틀어도 풍경장면이 확 바뀐다. 풍경을 적극적으로 활용하다 못해 마치 손바닥에 올려놓고 이리 뒤치고 저리 뒤치듯 자유자재로 구사한다. 이것은 다양하게 변하는 인간의 섬세한 심리변화에 집이 대응할 수 있다는 의미이다. 한옥은 매우 심리적이고 감각적인 집인데 풍경작용이 그 역할을 담당한다.

그렇다고 한옥이 풍경에 대해 교만하거나 풍경을 막 다루는 것은 결코 아니다. 풍경을 훼손하거나 함부로 바꾸거나 옮기지도 않는다. 있는 그대로 놔두면서 그 자체로 최대한 존중한다.^{사진 11} 풍경을 객체로

10 운조루 안채
내 집의 일부를 풍경요소로 삼아 감상할 수 있다는 것은
한옥만이 가지는 독특한 특징이다.

11 청풍 도화리 고가
방의 앞뒷면이 외기와 접하면서 겹 액자가 만들어졌다.
옆집 모습을 두 겹의 액자 속에 풍경요소로 정성스럽게 담았다.

받아 최소한의 경외심과 적절한 평등의식을 유지하며 매우 섬세하게 다룬다. 기교적이거나 과장적이지도 않다. 풍경작용을 멋을 부리거나 위세를 과시하려고 일으키는 것이 아니라, 생활하는 사람의 심리변화를 포용해서 보듬어주기 위해서 일으키는 것이다.

이를 위해 집이 변하는 수고를 한다. 동물의 왕국에서 수컷이 암컷의 허락을 얻어내기 위해 어르고 달래며 며칠이고 주변을 맴돌며 공을 들이듯, 집은 풍경에 정성을 쏟는다. 이것은 분명 풍경에 대한 끝없는 애정이자 예의이다. 마치 풍경을 즐길 수 있는 다양한 방법을 실험하는 것과 같다. 집 자신이 수시로 변하면서 풍경을 이렇게 담아보고 저렇게 담아본다. 집 스스로의 본성, 풍경요소의 특질, 환경적 여건 등 모든 조건들을 고려하여 이것들 사이 최적의 조화를 찾아낸다.

풍경작용, '감각-체험-마음'의 합작품

풍경작용은 주거생활, 즉 일상생활에서 매우 중요하다. 먼저 풍경작용은 집을 살기에 즐거운 곳으로 만들어준다. 이유는 너무 간단하다. 집에서 다양한 풍경을 즐길 수 있기 때문이다. 이 자체가 즐거운 놀이 기능을 갖는다. 지금처럼 감각적 놀이문화가 없던 시절, 집에서 일어나는 풍경작용은 분명 매우 중요한 놀이기능을 가졌을 것이다. 한옥의 풍경작용에서 관찰되는 풍성한 감각적 특징이 이를 뒷받침한다. 거꾸로, 요즘은 집에 이런 놀이기능이 없기 때문에 사람들은 유흥문화에서 그것을 찾으며 퇴폐적이 되어간다.

또한 풍경작용은 집과 사람 사이에 접촉을 증가시킨다. 풍경을 만들기 위해 집을 다양하게 조작하고 만지게 되는데 이런 일을 오랜 시간

반복하다보면 집이 내 몸처럼 된다. 한옥을 처음 접하는 사람들은 문짝 하나 다루는 것도 조심스럽다. 창문은 빡빡해서 움직일 때마다 삐걱거리며 세월이 쌓인 소리를 낸다. 혹시 문화재를 망가트리지나 않을지 조심스러워진다. 여차하면 창호지에 손가락 구멍 하나 내는 일도 다반사다. 그러나 한두 번 만지다보면 마치 재미있는 장난감을 가지고 노는 것 같아진다. 한옥의 창문이란 놈은 참으로 묘해서 열리는 정도·방식·방향 등에 따라 별의별 다양한 재주를 다 부린다. 창 자체의 변신이 신기하기도 하려니와, 각 경우들 사이의 차이 또한 매우 섬세해서 다양성을 배가시킨다. 여기에 재미 들려 창문을 이리저리 만지다보면 창문은 어느새 내 몸의 일부가 되어 있다.

이런 것들이 쌓이면서 집에 정을 붙이게 된다. 물리적 형식이 즐거움을 주면 내용도 따라서 즐거워지는 법, 식구들이 집에 일찍 들어오고 싶어진다. 집 밖보다 집이 더 즐거우면 집으로 발걸음을 하게 되어 있다. 집이 재미있고 마음에 들면 집에 들어와서도 즐거운 마음이 유지된다. 식구들 사이에는 웃음이 돌고 화목이 자란다. 굳이 집 밖에서 자극적 유흥문화에 의존할 필요가 없게 된다. 형식이 내용을 구축하는 대표적 경우이다. 그것도 긍정적 효과를 주는 순기능이다.

집의 전체 모습을 한눈에 볼 수 있다는 것은 한옥의 또 다른 장점이다. 더욱이 이것을 풍경으로 볼 경우 집에 품격과 예술성의 가치를 부여하는 것이 된다. 집을 이렇게 대해주면 집도 우리에게 품격과 예술성을 선사한다. 또한 한옥의 실내에서 일어나는 풍경작용의 상당 부분은 집 안에 앉아서 내 집의 모습을 보는 자경작용이다. 자경은 집에 대한 정체성을 확보하는 데 매우 중요하다. 마치 내 몸을 내가 직접 보는 것과 같다. 내 집이 어떻게 생겼는지, 집의 특징과 장단점은 무엇인지 등을 안과 밖을 오가며 속속들이 알게 된다. 이런 것들이 쌓여 식구들은 집에 대해서 확신을 갖게 되고, 집과 하나가 되며, 이것은 곧 집의 정체성이 된다.

집에 확고한 정체성을 주면 집은 그 보답으로 우리가 정체성을 확보하는 데 도움을 준다. 집은 단순히 밤에 잠만 자는 물리적 피난처가 아니다. 사람들은 집에서 여러 가지를 원한다. 식구들의 존재의미를 결정하는 것도 중요한 항목이다. 집안 분위기가 어떤지, 식구들이 어떤 심미적 성향을 갖는지, 어느 계층에 속하는지, 사회관과 조형의식은 무엇인지 등 정성적(定性的) 요소들이 집을 통해 표현된다. 이런 것들은 집의 정체성인 동시에 집주인과 가족의 정체성이 된다. 집과 주인은 동격이라는 말인데, 둘 사이에 괴리가 클수록 집주인은 자신의 정체성을 확보하지 못하고 일상생활이 흔들린다. 사는 곳이 일정치 않은 떠돌이가 가장 불안할 테고, 그다음은 집에 마음을 못 붙인 사람이다. 집에 마음을 못 붙였다는 말은 곧 집의 정체성을 확보하지 못했다는 말과 같다.

이처럼 풍경작용의 진정한 목적과 의미는 집과 사람 사이, 더 궁극적으로 사람과 사람 사이에 상호작용을 늘려 둘 사이를 친하게 만들고 서로 도움을 주게 하는 데에 있다. 단순히 보고 즐기자는 데에만 있는 것이 아니라는 뜻이다. 이것은 한옥에서 일어나는 감각작용과 체험작용 가운데 중요한 부분을 차지한다. 한옥의 특징 중 하나는 청각·시각·촉각·후각 등의 오감작용이 매우 뛰어나다는 점이다. 감각적 특징을 제대로 알고 최대한 즐기기 위해서는 그만큼 '체험적'이 되어야 한다.

풍경작용은 이 가운데 시각작용을 대표한다. 일단 눈으로 보는 데서 시작하기 때문이다. 그다음은 다른 감각과 협동작업을 펼친다. 창에 보이는 풍경은 벽에 걸린 그림이 아니라 살아 있는 실체이다. 미술 하는 분들에게 미안한 얘기지만 한옥의 풍경작용은 단순한 풍경화와는 비교할 수 없이 뛰어나다. 살아 있는 실체라서 오감으로 교류할 수 있기 때문이다. 부엌이라면 밥하는 냄새가 날 것이고 꽃이라면 향기가 날 것이다. 나무라면 바람소리를 방 안까지 들려줄 것이다. 바람은 계절의 냄새를 실어다주고 땀을 식혀준다. 마당 가득 들어온 햇빛은 풍경을 찬란하게 만들 뿐 아니라 방 안까지 파고들어 사람의 몸과 피부를 부드럽게 어루만진다. 풍경작용은 이렇게 오감과 함께 어울리며 온몸의 감각을 희열로 곤두세운다. 마음 가득 흠뻑 흥이 잔뜩 오른다.

아파트 문제에 대한 한옥의 대안

방에 앉아 풍경의 신비로운 멋을 접할 때 일어나는 희열은 오르가슴에 버금간다. 그러나 그것은 욕망에 편승하지 않으며 소모적이거나 허무하지 않다. 오래 가고 수시로 느낄 수 있으며 무엇보다도 마음에 안정을 준다. 감각과 체험이 주는 직접적인 안정이기 때문에 구체적이고 명확하며 자연스럽다. 이처럼 풍경작용은 '감각-체험-마음'으로 이어지는 단계적 복합작용을 통해 집과 사람을 한 몸으로 만들어준다.

현재 우리가 살고 있는 아파트라는 곳에는 이러한 것들이 철저하게 결여되어 있다. 무엇보다도 자기 집을 자기가 볼 수 없다. 우선 시선 각도가 안 나온다. 고개를 완전히 뒤로 젖히고 시선을 90도에 가깝게 쏘아 올려야 겨우, 그것도 인색한 사선 각도로 조금 볼 수 있을 뿐이다. 설사 본다한들 특별한 의미를 부여할 수도 없다. 위로 수십 채, 옆으로 여러 호, 똑같이 반복되는 것들 가운데 하나일 뿐이다. 그마저 밋밋한 유리 베란다에 똑같은 창이 뚫려 있는 심심하기 그지없는 모습이다. 집마저 대량생산으로 복제되고 있는 현실이 낳은 적나라한 현상이다. 이제 집은 대량생산되는 공업 생산품으로 완전히 넘어갔다.

요즘 사람들에게 종이를 주고 자기 집을 그려보라고 하면 자신 있게 그릴 수 있는 사람이 몇 명이나 되겠는가. 그린다 한들 성냥갑 하나 세우고 창이나 몇 개 뚫으면 전부이다. 열 사람에게 그리라 하면 모두 똑같은 모습을 그린다. 집은 나와 동격이다. 그 속에서 잠도 자고 밥도 먹고 애를 낳아 가정도 꾸미고, 나와 함께 늙어간다. 말하자면 나의 가치관·인격과 동격이다. 이런 나의 집이 어떻게 생겼는지 모른다는 것은 내 얼굴이 어떻게 생겼는지 모르는 것, 나아가 나란 사람이 누구인지 모르는 것과 같다. 집을 모든 사람들이 똑같이 그린다는 것은 나란 존재, 즉 인간이란 존재마저도 대량 복제품으로 전락했다는 의미이다.

집 안에 들어오면 완전히 독 안에 갇힌 쥐 꼴이다. 밋밋한 아파트 벽만이 사방에서 숨통을 조이듯 에워싸고 있다. 집이 재미가 없으며 집에 전혀 정체성을 줄 수도 없다. 집에서 재미를 얻을 수 있는 조건은 여럿이다. 물리적 구조가 적절하게 변하면서 아기자기하면, 다양한 콘텐츠를 담을 수 있다. 공간의 종류가 다양해지고 소품도 다양해진다. 생활도 따라서 다양해진다. 풍경작용은 대표적 예이다.

아파트에서는 이것이 철저하게 봉쇄되어 있다. 집이 재미가 없으니 식구들이 집에 들어오기 싫어지고 집 밖으로만 돈다. 정체성을 갖지 못하는 집에 살다보니 그 구성원도 정체성이 희미해진다. 이래서는 밖에서 지친 몸을 이끌고 들어와 쉴 수가 없다. 쉰다는 것에는 물리적 휴식과 심리적 안정 두 가지가 있다. 집에서 심리적 안정을 얻기 위해서는 재미와 정체성, 이 두 가지가 만족되어야 한다. 이것이 안 되면 집에 있어봤자 오히려 짜증만 는다. 가족 구성원들은 이 짜증을 해소하기 위해 집 밖에서 다른 자극을 찾아 헤맨다.

요즘 전망이다 조망권이다 해서 아파트에서도 풍경에 대한 인식이 증가하고는 있다. 하지만 그것은 정지된 하나의 장면을 돈으로 환산한 것에 불과하다. 집 안에 죽은 그림 하나 거는 것 이상의 의미를 갖지 못한다. 감각과 체험, 그리고 마음이 모두 빠져있는 탓이다. 집과 자신의 정체성을 확보하지 못한 상태에서 모든 관심은 그림 값에만 모아진다. 정작 문제는 집 자체에 있는데 집은 가만 놔두고 집 밖에 풍경 하나만 덜렁 띄운들 별무 효과이다. 일주일만 지나면 지루해져 눈길도 주지 않게 된다.

이런 일들은 집과 주인 모두에 문제가 있기 때문에 생겨난 결과이다. 누가 먼저일 것도 없다. 집주인의 가치관과 생각이 그러하니 집을 그렇게 지었을 것이고 집이 그러하니 그 속에서 벌어지는 일이 그 지경이 된 것이다. 형식과 내용이 서로에게 해를 끼치는 부정적 악기능의 대표적인 예이다. 집에 즐길 만한 감각요소가 없고, 즐길 감각요소가 없으니 체험적이지 못하게 되고, 체험적이지 못하니 마음에 안정을 얻을 길이 없다. 이것을 해소하기 위해 집을 돈으로만 환산하려 들며, 돈에 쫓기다보니 다시 마음은 점점 더 불안해져가는 악순환이 이어진다. 사람이 사는데 가장 필요한 세 가지, '감각-체험-마음'이 결여된 집은 집이 아니다. 한옥의 풍경작용에는 이 셋이 살아 함께 작동하며 아파트 문제에 대한 해답을 제시한다.

풍경의 탄생

차경 借景 창을 조작해 풍경을 차용하다

장경 場景 풍경을 무대처럼 꾸미다

자경 自景 집 안에 앉아 내 집을 보다

차경 借景

창을 조작해 풍경을 차용하다

창이라는 액자

풍경작용의 절정은 실내에서 창을 통해 일어난다. 창을 "실내에서 실외를 향해 벽에 뚫은 구멍"이라고 정의했을 때 창을 통해 바깥풍경을 보는 것은 창의 기본적인 기능이다. 이때 창은 풍경을 한정하면서 액자로 작용한다. 여기까지는 특별할 것 없는 상식적인 이야기다. 문제는 그다음부터이다. 한옥의 창은 워낙 변화무쌍하게 변하기 때문에 풍경작용이 더욱 다양하게 일어난다. 집의 구성도 복잡하기 때문에 다양성은 몇 배로 늘어난다. 창과 집에 풍경을 대입시켜보면 다양성을 직접 확인해볼 수 있다. 거꾸로 얘기하면 집을 이렇게 지은 것부터가 특별한 의도 때문이었을 것이다. 그 가운데 풍경을 즐기려는 목적은 중요한 부분을 차지한다.

창은 액자이다. 풍경을 만들어내는 형식이다. 바깥환경은 스스로 완결되고 독립적 실체로 존재하는데 창은 여기에 한정을 가해서 풍경요소로 만든다. 틀 짜기(trimming) 기능이다.^{사진 12} 액자는 형식이고 그 속에 담기는 풍경은 내용이다. 형식은 내용을 정의한다. 없는 내용을 만들어

내지는 못하지만, 있는 내용에 대해서는 의미를 부여하고 정의하는 기능을 한다. 원재료로서 내용은 형식과 상관없이 먼저 존재하지만 이것을 심미적 주제나 조형요소로 만드는 것은 형식이다. 하나의 판, 혹은 틀을 짜서 그 속에 끌어들여 애깃거리로 만든다는 의미이다.

집 안에 앉아서 창밖을 볼 때 형식으로서의 창은 내용으로서의 창밖 경치, 즉 풍경작용에 영향을 끼친다. 한옥에서 건물골격을 통해 일어나는 액자작용 가운데 일부는, 반드시 한옥이 아니더라도 어느 집에서나 당연히 나타나게 되는 현상들도 있다. 하지만 많은 경우 정밀하게 계산되고 의도된 것으로 읽힌다. 집을 짓다보니 우연히 액자작용과 풍경작용이 일어났다고 보기에는 의도의 개연성이 너무 강하게 느껴진다. 그 내용과 종류에서도 유형화할 수 있는 규칙성을 찾아낼 수 있기 때문에 더욱 그렇다.

한옥의 풍경작용을 만들어내는 조건은 여러 가지이다. 먼저 액자와 풍경요소의 종류를 들 수 있다. 액자에서는 형식과 겹 수가 중요하다. 액자의 형식에는 처마·기둥·창·문 등이 있다. 창과 문은 열고 닫는 방식에 따라 미닫이와 여닫이로, 겹 수에 따라 단창과 겹창으로 각각 한 번 더 나눌 수 있다. 처마는 지붕의 끝선으로 주로 화면의 위쪽에 액자를 만든다.^{사진 13} 이때 서까래가 드러나는 경우가 대부분이어서 액자 자체가 일정한 시각적 형식을 만든다. 기둥은 양옆에서 액자를 만드는데 두께가 얇기 때문에 풍경을 손상시키지 않으면서 한정하는 기능만 갖는다.

◀ **12** 소쇄원 광풍각
한국 최고의 정원 소쇄원 한가운데 있는 누각 건물이다.
건물골격의 액자기능을 통해 주변풍경을 그림 개념의 감상 단위로 재단한다.

13 농암종택 긍구당
처마선은 무한대의 창공을 한정하고 기둥은 수백 미터를 이어진 앞산을
적절히 분절한다. 둘은 협력해서 액자를 만들고 틀 짜기 기능을 수행한다.

　창과 문은 액자형식 가운데 가장 흔하고 일반적이다. 둘 모두 명확한
사각형 윤곽을 통해 풍경을 확실하게 한정한다. 창은 크기·위치·형
태 등에서 문보다 더 자유롭다. 문은 사람이 드나들어야 하기 때문에
바닥에 붙어 있어야 하며 일정 정도 이상의 폭과 높이를 확보해야 한
다. 창에는 이런 한계가 없다. 한옥에서는 창이 문을 겸하는 경우가 많
은데 이때는 비교적 반듯하게 나는 편이지만 단독으로 날 경우에는 다
양성을 자랑한다. 옆으로 길게 찢어지거나 방바닥에 바짝 붙어 모퉁이
에 손바닥만 하게 나는 등 의외의 곳에 의외의 크기와 형태로 나는 경
우도 종종 있다.^{사진 14} 이런 경우는 시선의 각도와 풍경을 한정하는 방

14 청풍 후산리 고가

오른쪽 방 모퉁이에 사람 키보다 낮게 문이 났다. 문은 바로 앞의 담을 풍경으로 담기 위한 것이다. 후미진 곳에 났기 때문에 땅과 직접 맞닿을 수 있다.

식 등 액자작용을 다양하게 만든다.

미닫이문: 집으로 풍경을 그리다

미닫이와 여닫이에서는 열리는 방향의 차이가 그대로 풍경작용의 차이로 이어진다. 미닫이는 좌우로만 왔다 갔다 하기 때문에 풍경장면의 크기를 좌우에서 한정하는 기능이 강하다. 이것은 액자 속에서 풍경이 차지하는 비율과 풍경장면의 수직-수평 비례와 직결된다.

먼저 풍경의 비율을 조절할 수 있다는 것은 풍경이 보이는 정도를 조절한다는 말이며 궁극적으로는 풍경장면의 종류를 선택할 수 있다는 말이 된다. 이를테면 한쪽 창을 활짝 열고 다른 쪽 창을 완전히 닫으면 풍경은 반 토막이 나는데, 이때 어느 쪽을 닫느냐에 따라 풍경의 종류가 달라질 수 있다. 풍경의 연속성이 강한 경우에는 좌우 어느 쪽을 보건 큰 차이가 없지만, 변화가 심한 경우에는 어느 쪽을 선택하느냐에 따라 풍경의 종류가 완전히 달라진다.

김동수 고택 사랑채를 보자.^{사진 15} 왼쪽은 안채, 오른쪽은 담과 정원으로 이루어진 좌우 비대칭이다. 미닫이문을 왼쪽만 활짝 열고 오른쪽은 닫으면 안채 측면 전체와 그 옆의 담 일부분이 보인다. 이런 풍경장면은 반대로 오른쪽만 다 열어 담과 정원만 보이는 경우와 큰 차이가 있다. 풍경요소가 집의 일부분인 점에서 관찰자는 방 안과 바깥 풍경요소 사이에 일체감과 연속성을 느낄 수 있다. 이런 경우는 풍경요소가 자연경치인 상황보다 인공적 형식성이 더 강하다. 딱딱한 일을 하면서 몸가짐을 다잡을 필요가 있을 때, 이를테면 방안에서 공무를 논하거나 공부를 할 때 어울리는 풍경장면이다.

15 김동수 고택 사랑채

창밖 풍경요소는 왼쪽이 안채, 오른쪽이 담과 정원으로 좌우 비대칭이다.
두 장의 문짝 가운데 어느 쪽을 여느냐에 따라 담기는 풍경장면이 완전히 달라진다.

16 | 창덕궁 낙선재

풍경요소는 넓적한 수평비례의 돌이 급하게 반복되는 후원 담벼락이다. 미닫이문이
수직형 액자를 만들며 분위기를 긴장되게 바꾸어놓았다.

한편 창을 통해 보이는 집이 안채라는 사실은 또 다른 변수이다. 싸우고 난 다음이라면 창을 오른쪽으로 열어 안채를 풍경에서 지울 것이다. 시간이 좀 흘러 화해하고 싶어지면 반대로 왼쪽 창을 살짝 열어 안채의 모습도 조금 액자에 담을 것이다. 안주인을 향한 마음이 애틋할 때에는 지금 장면처럼 왼쪽 창을 활짝 열어 안채가 가급적 많이 보이게 할 것이다. 집이 사람이 처한 환경이나 심리상태 등에 따라 장단을 맞춘다는 뜻이다.

양쪽에서 닫아오는 비율을 동일하게 하면 주로 풍경장면의 비례를 조절하는 것이 된다. 활짝 다 열면 정사각형에 가까워지고 닫으면 닫을수록 수직으로 길어진다. 풍경장면의 비례는 액자작용을 구성하는 중요한 요소이다. 액자의 비례를 어떻게 정하느냐에 따라 풍경의 분위기가 크게 달라질 수 있다. 수직비례는 긴장감을 불러일으키고, 풍경에 대한 집중도를 키우며, 가려진 옆 풍경에 대한 상상작용을 유발한다.^{사진 16} 할 말은 많은데 참아서 여운을 남기는 듯하다. 반면 정사각형 쪽으로 확장되면 안정감이 확보되고, 풍경을 포괄적으로 담으며, 있는 그대로를 제시한다. 할 말을 단정하게 요약정리하여 완결적으로 보여준다.

물론 양쪽에서 닫아오는 비율을 동일하게 하더라도 여전히 풍경의 종류를 선별할 수 있다. 한쪽만 닫을 때보다 양자택일 같은 대립적 선택과 극적 요소는 덜하지만, 원하는 풍경은 보이게 하고 원하지 않는 풍경은 가릴 수 있다. 이것은 좋고 싫음보다는 좀더 포괄적 선택의 문제이다. 계절, 시간대, 날씨, 기후, 기분, 하고 있는 일의 종류, 같이 있는 사람 등 여러 상황에 따라 창 닫는 것을 조절할 수 있다. 이것은 곧 풍경작용이 다양하게 일어나는 이유에 다름 아니다.

양쪽에서 닫아오는 정도를 달리하면 위의 두 경우의 중간에 해당된다. 풍경장면 선택과 비례조절 모두를 마음대로 할 수 있다. 장교동 한규설 대감가 사랑채를 보자.^{사진 17} 보고 싶은 풍경을 고를 수 있는 선택권이 커지고, 고른 다음에도 보이는 정도를 다듬을 수 있으며, 강조하고 싶은 부분만 선별해서 포인트를 줄 수도 있다. 가리고 보이는 정도를 조절하는 폭이 커서 자유자재로 풍경을 만들어낼 수 있다는 의미이다. 예를 들어 꼭 필요한 풍경요소를 고른 다음 면도날에 베인 자국 같은 극단적 수직비례를 이용해서 스포트라이트를 비추는 것 같은 강조를 할 수 있다. 일반화시키면 줌인과 줌아웃을 구사하는 것에 비유할 수 있다. 눈을 확 뜬 것처럼 창을 활짝 열었다가 실눈을 가늘게 뜬 것처럼 확 닫는 극단을 자유롭게 오갈 수 있다. 좌우 비대칭인 액자는 긴장감과 불안감을 유발하면서 이런 전격적 처리에서 오는 급한 변화의 분위기를 더욱 강화시킨다.

창을 닫는 비율을 조절하는 것은 두 가지 점에서 한국화의 족자(簇子)에 비유할 수 있다. 하나는 수직비례이다. 미닫이문의 풍경조절 기능은 수직비례를 기본으로 하는데, 이것은 서양화에 비해 동양화에 유독 수직비례의 그림이 많은 것에 해당되는 현상이다. 족자에도 물론 수평비례가 있긴 하지만 벽에 늘어뜨려 걸 수 있게 하다 보니 수직비례가 많았다. 족자의 기원부터가 이미 수직비례를 의미하는 괘축(卦軸)에서 유래한다.

다른 하나는 풍경작용의 가변성이다. 족자는 두루마리처럼 말았다 폈다 할 수 있게 만든 그림이라 쉽게 걸었다 떼었다 할 수 있고 둘둘 말면 보관하기에도 편리하다. 이것은 철따라 그림을 바꿔 달기 위한 것인데 한옥에서 상황에 맞춰 다양한 풍경작용을 만들어내려는 것과 동일한 목

17 한규설 대감가 사랑채
두 겹의 미닫이문을 좌우 비대칭으로 만들었다.
왼쪽은 한 겹으로 조금만 닫았고 오른쪽은 두 겹으로 많이 닫았다.
창밖 풍경요소에 대한 선택적 집중도는 현저히 높아진다.

적을 갖는다. 정약용은 족자에 대하여 "때때로 바꾸어 걸어야 할 것이다. 봄·여름에는 가을·겨울의 것을, 가을·겨울에는 봄·여름에 관한 것을 걸어야 하며(중략)"라고 했다. 풍경화의 다양성을 장려한 것인데 한옥에서 일어나는 풍경작용의 다양성을 유추할 수 있는 대목이다.

이상과 같이 한옥에서는 집 자체를 한 폭의 풍경화로 인식했음을 알 수 있다.^{사진 18} 집을 이용해서 풍경화를 그리고 즐긴 것이다. 창의 조작과 관찰자의 위치에 따라 풍경작용이 다양하게 변한다는 것은 결국 집 안에 다양한 그림을 항상 구비해놓고 있다는 말이 된다. 창만 조작하고 앉은 자리만 조금 바꾸면 풍경이 확확 변하니, 그림을 바꿔달고 보관하는 수고에서 해방될 수 있다. 그림의 수장고까지 절약하는 셈이니 참으로 기막힌 지혜가 아닐 수 없다.

여닫이문: 나를 중심으로 풍경을 재편하다

여닫이문의 특징은 액자 윤곽을 사선(斜線)으로 만드는 것과 풍경에 공간깊이를 주는 것으로 요약할 수 있다. 정여창 고택 사랑채를 보자.^{사진 19} 여닫이문은 밖으로 향해 열리기 때문에 반쯤 열어놓을 경우 일소점 투시도 효과에 의해 창의 윤곽이 사선을 형성한다. 관찰자가 창의 중앙에서 벗어나 측면에 자리를 잡을 경우, 즉 시선 각도 자체가 사선 방향일 경우 이런 효과는 더 증대된다. 측면에서 창을 바라볼 경우 창틀이 먼저 사선으로 변한다. 이런 현상은 미닫이문보다 여닫이문에서

18 맹사성 고택
한옥은 주변환경을 풍경요소로 삼으려는 명확한 입장을 갖는 집 형식이다.
사철의 변화는 그대로 사철을 그린 풍경화가 된다.

두드러진다. 미닫이문은 창 윤곽, 즉 문짝과 창틀이 한 몸으로 붙어 있기 때문에 사선이 한 겹으로 끝난다. 반면 여닫이문은 창을 열면 창틀에서 창이 분리되면서 밖으로 향하기 때문에, 창틀 아래쪽에 대칭 개념으로 문짝이 또 하나의 사선을 만든다.

이때 여닫이문의 좌우 열리는 정도를 조절하는 데 따라 사선의 길이와 각도 등이 다양하게 변한다. 윤증고택 사랑채를 보자. ^{사진 20} 문을 많이 열면 문짝이 만들어내는 사선의 길이가 짧아지고 아래로 처지는 사선의 각도는 급해진다. 반대로 조금 열면 사선의 길이가 길어지면서 사선의 각도는 완만해진다. 시각작용에 수반되는 이런 왜곡현상을 투영(projection)이라고 한다. 두 짝의 문 가운데 내 쪽과 가까운 문에서 더 심하게 투영이 일어나고 먼 쪽에서는 상대적으로 적게 일어난다. 투영현상을 좌우 양쪽에서 적절히 조절하면 다양한 사선의 파노라마가 펼쳐진다. 액자 윤곽이 사선들의 조합으로 만들어지는 셈인데 이런 현상은 풍경장면 전체에 강한 긴장감을 불러일으킨다. 풍경은 불규칙하게 재단되고 심한 좌우 비대칭이 일어난다.

측면에서 사선 방향으로 창을 바라볼 때 일어나는 사선작용은 문의 종류와 상관없이 동일한 효과를 만들어낸다. 창틀의 윤곽은 나와 반대 방향을 향해 좁아진다. 일소점 투시도 형식으로 소실(消失)현상이 일어나는데 소점이 나와 반대방향으로 잡힌다는 뜻이다. 이에 따라 내 쪽에서는 창의 열린 면적이 넓게 남는 반면 나한테서 멀어질수록 작아진다. 이런 현상은 나를 초점으로 강한 구심력을 만들어낸다. 나를 중

▶ **19** 정여창 고택 사랑채
여닫이문을 반쯤 밖으로 열면 문짝이 마름모꼴이 되면서 액자에
사선효과가 나타난다. 바깥풍경에는 공간깊이가 만들어진다.

64

20 윤증고택 사랑채
여닫이문을 방 옆에서 보면 사선효과는 배가된다.
사선은 창틀과 문짝에서 두 겹 겹쳐진다.

심으로 주변풍경의 위계를 재편한다는 말이다. 내 쪽에 가까운, 즉 바로 앞의 풍경은 크게 많이 보이는 반면 나한테서 멀어질수록 작게 조금 보인다.

풍경은 그대로인데 내가 어디에 위치를 잡느냐에 따라 위계가 변한다. 방의 왼쪽에 앉으면 왼쪽 풍경이 중심이 되어 오른쪽으로 퍼져나가고 오른쪽에 앉으면 그 반대이다. 이런 변화를 잘 활용하면 나의 기분과 마음상태에 맞춰 풍경을 조절할 수 있다. 예를 들어 왼쪽에 큰 소나무가 한 그루 있고 오른쪽에 가지런한 담이 있다고 하자. 혈이 잘 돌아 기가 뻗치는 날이나 활기차게 일하며 큰 기상을 논할 때에는 왼쪽에 치우쳐 앉아 소나무를 중심으로 풍경의 질서를 세우는 것이 좋을 것이다. 반면 비가 주룩주룩 내리거나 종이 위에 무언가를 쓰며 집중하고 싶은 날에는 오른쪽에 치우쳐 앉아 가지런한 담을 크게 보며 마음을 소박하게 정리하는 것이 좋을 것이다.

미닫이문을 이용한 풍경 가리기도 이와 유사한 기능을 갖지만 조금 다르다. 미닫이문은 가리는 정도만 조절할 수 있으며 버리기와 취하기 중에서 양자택일만을 할 수 있다. 풍경질서가 확연한 만큼 액자를 통한 섬세한 위계까지는 만들어내지 못한다. 반면 사선작용을 이용하는 여닫이문은 보이는 정도를 조절할 뿐 아니라 위계도 준다. 그만큼 역동적이며 변화의 폭도 크다. 만들어내는 풍경의 종류도 더욱 다양하기 때문에 여러 상황에 적용하기가 좋다.

한편 여닫이문을 정면에서 볼 경우 풍경에 공간깊이를 줄 수 있다.[사진 19] 여닫이문을 밖을 향해 열 때 문짝을 활짝 젖히지 않고 중간쯤에서 멈출 경우 문짝이 마름모꼴을 이루며 공중에 떠 있게 된다. 이것이 좌우대칭으로 형성되면 창틀과 함께 어울려 공간깊이를 갖는 상자처럼 나타나게 된다. 마치 공간의 통로가 만들어진 것 같다는 뜻이다. 이때 처마가 위쪽에서 경계선을 형성하면 상자의 느낌은 더욱 강해진다. 창밖 풍경은 마치 상자 속에 담긴 것처럼 보인다. 창밖에 툇마루가 있어서 아래쪽 경계선까지 형성하면 상자의 폐쇄성은 완벽해지고 풍경은 상자 안에 완전히 안기게 된다.

미닫이문이나 여닫이문 같은 액자의 형식 외에도 창의 액자작용에서 중요한 역할을 하는 것이 있다. 대표적으로 창호지와 문양을 들 수 있다. 하회마을 남촌댁 사랑채를 보자.사진 21 창호지는 반투명이기 때문에 문살에 햇빛이 비출 경우 문양을 드러낸다. 이 부분은 두 가지로 해석할 수 있다. 하나는 문살 자체를 풍경요소의 일환으로 보는 것이다. 이런 현상은 "창 스스로 풍경이 되다" 혹은 "창과 풍경이 한 몸이 되다"라고 말할 수 있는, 한옥만의 특징적 현상이다. 이 주제에 대해서는 제6장에서 자세히 다룰 것이다. 다른 하나는 액자의 일부로 보는 것이다. 회화에 비유하자면 창밖에 있는 풍경까지를 그림에 해당되는 부분으로 보고, 문살은 족자에서 문양이 들어가 있는 여백으로 보는 것이다. 이런 해석은 한옥의 풍경작용이 건물을 이용하여 그림을 그리려고 의도되었다는 앞의 해석을 뒷받침하는 또 다른 중요한 증거이다.

창의 겹 수도 풍경작용의 다양성을 결정하는 중요한 요소이다. 단 겹인 경우는 앞에 설명한 문양작용이 일어난다. 겹치는 창이 없어서 불투명한 부분이 생기지 않기 때문에 햇빛이 강하게 드는 날이면 어쩔 수 없이 문양이 드러나게 된다. 이중창인 경우 미닫이문만 두 겹인 경우와 미닫이문과 여닫이문이 쌍으로 있는 경우로 나누어 생각할 수 있다. 미닫이문만 두 겹인 경우는 문짝이 겹치는 부분과 안 겹치는 부분 사이의 투명도 차이가 풍경형성에 일정한 역할을 한다. 안 겹치는 부

21 남촌댁 사랑채

창호지는 반투명이기 때문에 햇빛을 받으면 독립적 풍경작용을 일으킨다.
창살문양은 풍경요소가 자연경치라도 잘 어울린다.

분에서는 앞에서 설명한 창호지에 의한 문양작용이 일어난다. 겹치는 부분은 불투명해지면서 미닫이문의 수직비례가 강해진다. 창에는 열린 부분, 안 겹치는 부분, 겹치는 부분의 세 종류가 만들어진다. 각각의 투명도가 다르기 때문에 풍경요소를 셋 가운데 어디에 넣느냐에 따라 보이게 할 수도 있고 안 보이게 할 수도 있는 등 선택을 다양하게 할 수 있다.

미닫이문과 여닫이문이 쌍으로 있는 경우는 투명도 면에서는 미닫이문만 두 겹인 경우와 크게 다르지 않으나 문이 열리는 방식과 문양의 종류가 더 다양해지는 차이가 있다. 문이 열리는 방식을 보면, 미닫이문과 여닫이문이라는 열리는 방식이 서로 다른 두 문이 섞여 있게 되는데 여기에서 다양한 조합이 일어난다. 각 문이 창의 절반씩을 차지하는 경우, 두 문을 창 전체에 섞어서 쓰는 경우, 미닫이문은 문틀 속에 가두고 여닫이문만 두는 경우 등인데 각 경우마다 풍경작용은 달라진다. 문양도 마찬가지이다. 미닫이문만 두 겹인 경우는 문양이 같은 데 반해 미닫이문과 여닫이문을 함께 쓸 때에는 문양을 다르게 하는 것이 보통이다. 따라서 문양이 만들어내는 풍경작용도 그만큼 다양해진다.

차경을 집의 구성요소로 삼다

이상은 액자작용의 기본사항을 살펴본 것이었다. 이것을 풍경작용의 관점에서 보면 다른 해석이 가능하다. 제일 기본적인 단계가 '차경-장경-자경'을 구별하는 것이다. 차경(借景)은 가장 기본적인 풍경작용으로 말 그대로 경치를 빌린다는, 즉 창과 문을 통해 풍경을 끌어들인다는 뜻이다. 차용은 미술용어로 "이미 존재하고 있는 것을 가져와 일정한 각색을 가해 심미요소로 활용한다"는 뜻이다. 이것을 한옥의 풍경작용에 적용하면 "창밖에 존재하는 풍경요소를 집이라는 판과 창이라는 틀 속으로 가져와 심미적 애깃거리로 만든다"는 뜻이 된다.

차경은 풍경을 집의 중요한 구성요소로 활용하겠다는 기본입장을 갖는다. 집의 구성요소에는 기둥이나 대들보 같은 건축적인 것만 있는 것이 아니라는 말이다. 집은 스케일에 따라 여러 층으로 이루어진다. '건물골격-실내장식-가구-공예소품'이 스케일을 대표하는 네 단계이다. 차경은 여기에 '풍경작용'이라는 요소를 하나 더 넣겠다는 것이다. 언뜻 보기에 공예소품에 속하는 그림과 유사하지만 별도의 구성요소로 보아야 한다. 그림이 벽에 고정되어 있고 온전히 인공요소인 반면 풍경작용은 실제 존재하는 실체로서 항시 변하고 자연요소가 많은 부분을 차지한다. 또 그림은 2차원 소품이지만 풍경작용은 3차원 공간작용이다.

차경에서는 풍경요소의 종류가 중요하다. 창 너머 보이는 풍경의 다양함은 한옥살이에서 분명 빼놓을 수 없는 즐거움이다. 수목 한 그루가 온전히 보이기도 하고, 처마만 살짝 보이기도 하며, 저 멀리 솟을대문이 위엄 있게 서 있기도 한다. 나무나 꽃 같은 자연일 경우 풍경화의 느낌이 강하게 든다.사진 22 이때는 주체로서의 나와 객체로서의 자연 사이에 다양한 쌍방향 교류를 전제로 하여 자연에 관한 철학적 사유가 담긴다. 풍경요소가 집의 일부분일 때에는 집 안에 앉아서 내 집을 볼 수 있게 된다.사진 23 이 경우에는 어울림이라는 유교적 사회미가 풍경의 배경으로 작용한다. 분할구성과 문양을 기본으로 하여 주제와 변주가 이뤄져 조화미가 나타난다.

22 하동고택

차경의 제일 초보적 단계이지만 어떤 면에서는 풍경작용의 백미이기도 하다.
집 안에서도 자연과 가능한 한 가까워지려는 의도의 산물이다.

23 청풍 도화리 고가

풍경요소가 집의 일부분일 경우 액자의 창살문양과
풍경요소의 분할구성이 어울려 유교적 형식미를 만들어낸다.

미닫이문에 의한 풍경작용은 대부분 차경에 해당된다. 차경의 장점은 내가 원하는 대로 풍경을 만들어낼 수 있는 변화의 폭이 크다는 것이다. 나의 위치를 변화시키고 창을 조작하는 데 따라 풍경은 다양하게 변한다. 한 지점에서도 앞으로 갔다 뒤로 갔다 하면 시선 각도가 변하면서 창의 액자작용이 다양하게 변화한다. 창에 바짝 붙으면 창의 윤곽만이 액자를 형성한다. 여기까지는 액자가 2차원이다. 방 중간지점까지 물러나면 액자는 3차원으로 변하기 시작한다. 처마 끝 서까래의 자글자글한 문양이 액자의 바깥 윤곽을 형성한다. 방 천장과 바닥도 충분하지는 않지만 액자에 가세하기 시작한다. 방 안 깊숙이까지 물러나면 서까래뿐 아니라 지붕의 안쪽 면도 액자의 일부분이 된다. 방 천장과 바닥이 액자에서 차지하는 비율도 크게 늘어난다.

창을 조작하면 감춤과 보임 사이에 다양한 조합을 만들어낼 수 있다. 창과 풍경조각 등 여러 요소가 겹치며 어울려 하나의 풍경을 만들어낸다. 한국문화 전반에 특징적으로 나타나는 중첩 미학의 일환이다. 한복의 겹쳐 입기, 즉 레이어드 룩(layered look)은 좋은 예이다. 저고리-조끼-마고자-두루마기를 겹쳐 입듯 창호지와 문짝, 창틀과 서까래, 마당과 단풍나무 등 여러 요소가 겹쳐지며 감춤과 보임 사이에 다양한 조합을 만들어낸다.^{사진 24} 조금 더 극단화하면 비빔밥 문화에 비유할 수도 있다. 이쯤 되면 콜라주 작용의 전초 현상에 해당된다.

한옥의 중요한 특징 가운데 하나는 창이 다양하다는 점이다. 창은 풍경이라는 시각요소가 집 안으로 들어오는 통로이기 때문에 창의 다양성은 그대로 풍경작용의 다양성으로 이어진다. 창은 위치·크기·모양·개폐방식·겹 수 등 여러 면에서 다양한데, 이것이 변화무쌍함을 낳는 것이다. 창의 다양성은 항변이 풍경작용을 통해 구현되는 핵심원

24 정여창 고택 사랑채

문짝과 창살문양, 처마선과 서까래, 마당과 수목, 그 위의 하늘 등
액자요소와 풍경요소 여러 개가 조금씩 겹쳐지며 중첩된 하나의 풍경을 만들어낸다.

25 창덕궁 연경당 안채

좌식문화에 적합한 스케일이다. 나무는 땅에서 자라니
벽 아래쪽에 난 창은 그만큼 풍경과 친밀도가 높다.

리이다. 식구들은 각자 자신들이 내키는 대로 문을 열어놓거나 닫아놓거나 반쯤 열어놓으면 그만이다. 이렇게 제각각인 여러 개의 문들이 어우러지면서 집 전체는 항변의 상태를 유지한다. 액자인 창이 다양하니 이것을 통해 일어나는 풍경작용이 다양한 것은 당연하다.

벽 아래 모퉁이 방바닥에 바짝 붙어 손바닥만한 창이 나기도 하고, 벽 한 장 전체를 활짝 열기도 한다. 방바닥에 붙어 나는 창은 서서 보면 내려다보는 시각을 만들어내며 풍경을 난쟁이로 보이게 하는 착시현상을 일으킨다. 풍경은 아래쪽 일부분만 보이기 때문에 위쪽 나머지에 대해 상상력을 자극한다. 기본적으로는 방바닥에 앉아서 생활하는 좌식문화에 어울리는 위치이다. 앉은 자리에서의 눈높이로 풍경을 보겠다는 의도이다.^{사진 14, 22, 25} 앉아 있는 상태에서 밖과 바로 소통이 일어나기 때문에 친밀감은 그만큼 뛰어나다. 풍경은 손을 뻗으면 닿을 듯 생생한 사실성으로 살아있다. 땅과 햇빛은 풍경요소에 자연의 생명력을 더해 사실성을 증폭시킨다. 이것은 말하자면 액자 속에 흙이 담겨져 있고 해가 비추는 격이니 이보다 더 사실적일 수 없다.

장경 場景

풍경을 무대처럼 꾸미다

여기와는 다른 세계의 풍경

장경은 말 그대로 경치를 하나의 '장'(場)으로 만든다는 뜻이다. 여기에서 '장'은 여러 가지 의미를 갖는다. 멍석을 깔아놓은 구경거리일 수도 있고 연극이나 공연처럼 무대 위에 올려놓는다는 의미이기도 하다. 핵심은 인공적 형식성이다. 장경은 차경보다 차용의 의미를 더 적극적으로 해석해서 단순한 차용 이상으로 극화하겠다는 의도를 갖는다. 이를 위해 인공적으로 일정한 형식을 가하는 것이다. 건축에서는 장경을 주요기법으로 활용하는 경향이 종종 있는데 이를 장경주의(theatricalism)라 한다. 장경주의는 동서양 건축에서 공통적으로 관찰된다. 한옥의 풍경작용은 동양의 좋은 예이다.

장경은 차경에서 갈라져 나와 더 발전한 개념이다. 둘을 가르는 가장 큰 기준은 풍경요소와 관찰자 사이의 밀접한 정도이다. 둘 사이가 일정 정도 밀접함을 유지하면 차경이 되고 이 범위를 넘어서면 장경이 된다. 창이 풍경요소의 역할을 일정부분 공유하거나 풍경작용에 개입하는 등의 방식으로 풍경요소와 동질감을 유지하면 차경에 머문다. 차경에서는 창의 작용으로 관찰자와 풍경 사이의 거리감이 좁아져 관찰자가 풍경과 동질감을 갖게 된다. 풍경을 있는 그대로 받아들여 이쪽으로 끌어들임으로써 관찰자가 풍경 속에 들어와 있는 것처럼 느끼게 해준다. 손을 뻗으면 만질 수 있고 걸어 나가면 바로 풍경 속으로 들어갈 수 있는 범위 내에 머물면 차경이다.^{사진 26} 관찰자가 풍경과 한 공간 안에, 즉 같은 세계 안에 있다는 느낌이 중요하다. 이때 풍경은 감상의 대상보다는 직접경험의 대상에 가깝다. 장경의 인공성이나 형식성에 대비되는 대목이다.

장경은 이와 반대이다. 장경이 성립되기 위해서는 관찰자가 풍경과 다른 공간, 혹은 다른 세계에 있다고 느낄 수 있어야 한다. 이를 위한 결정적 요소가 바로 거리와 액자형식이다. 무대와 객석과의 관계가 좋은 비유이다. 둘 사이에는 일정한 거리가 유지되어야 한다. 무대는 일정한 높이를 가지며 세트로 꾸며진다. 이렇게 해서 관객은 연극이 일어나는 무대가 자신들이 사는 세계와 분리되었다는, 즉 다른 세계라는 느낌을 갖게 된다. 이런 차별성이 무대 위 연극세계를 하나의 예술작품으로 만드는 바탕이 된다.

이런 상식적 조건이 한옥의 장경에도 똑같이 적용된다. 일단 관찰자와 풍경요소 사이에 일정한 거리가 있어야 한다. 장경이 성립되기 위해서는 일차적으로 풍경요소가 관찰자에게서 분리되어야 한다. 분리를 위해서 물리적 거리감은 기본이다. 거리감은 곧 이격(離隔)이다. 떨어져 있기 때문에 다른 것처럼 느껴진다는 의미이다. 이격을 만드는 요소로 액자와 풍경요소 사이의 여백을 들 수 있다. 풍경요소가 액자 속에 꽉 차 있으면 나와 같은 차원에 있는 것으로 느껴지겠지만, 둘 사이에 마당 같은 틈과 여백이 생기면 풍경은 그만큼 멀게 느껴진다.^{사진}

26 안동 의성김씨 종택 솟을대문
집 안에서 솟을대문을 통해 밖을 본 장면이다.
문전옥답(門前沃畓)이 액자를 가득 채우며 바로 눈앞에 펼쳐진다.

27 | 나상열 가옥 사랑채

방 안의 관찰자와 바깥 풍경요소인 광 사이에 툇마루와 마당이 개입되면서
장경이 일어나는 데 필요한 일차적 조건을 만족시킨다.
위쪽에 처마선과 서까래가 액자 한 겹을 더 만들어주면서 장경의 느낌은 배가된다.

²⁷ 이런 여백이 만들어지기 위한 일차적 조건이 거리감이다.

떨어져 있다고 모두 장경이 되는 것은 아니다. 거리를 풍경요소의 독립과 분리로 연결시키는 인공적 형식화가 필요하다. 이것을 담당하는 것이 액자형식이다. 액자는 극장에서 무대를 높이고 세트로 꾸미는 것에 대응되는 역할을 한다. 관건은 액자를 적절히 조작해 풍경도 무대 위에 올려진 것처럼 보이게 만드는 것이다. 관찰자는 관객이 되어 무대 위 작품을 감상하듯 풍경을 보게 된다. 차경에서 풍경이 경험의 대상이었던 데 반해 장경에서는 감상과 해석의 대상이 되는 것이다.

대표적인 인공적 형식화의 방법으로 액자에 공간깊이를 주는 처리가 있다. 여기에는 여닫이문이 제격이다. 윤증고택 사랑채를 보자.^{사진 28} 여닫이문을 반쯤 열면 두 장의 문짝이 일소점 투시도 작용을 일으켜 액자가 공간깊이를 갖게 된다. 관찰자와 풍경요소 사이에 공간 켜가 하나 만들어진다는 의미이다. 이것만으로도 풍경은 무대 위에 올려진 것처럼 보인다. 여기에 미닫이문까지 가세해서 여닫이문을 양쪽 끝에서 조금씩 먹고 들어오면, 틀이 하나 더 추가되면서 액자는 완전히 무대 세트로 변한다.

장경작용의 전제조건인 관찰자와 풍경요소 사이의 분리는 주체와 객체 사이의 관계로 환원시켜 해석할 수 있다. 관찰자는 주체이고 풍경요소는 객체이다. 장경은 주체가 객체에 대해 이원적 독립성을 유지하겠다는 입장을 갖는다. 차경에서 주체와 객체가 같은 차원에 존재하며 하나로 섞이는 것에 대비된다. 장경은 객체와 일정한 거리를 둠으로써 대상을 타자로 묶어 두려는 건축적 형식이다. 물리적 거리와 액자형식에 의해 풍경요소는 관찰자와 다른 세계에 남는다.

장경작용에서 주체가 타자에 대해 갖는 입장은 둘로 정리할 수 있

28 윤증고택 사랑채

반쯤 열린 여닫이문 두 장은 장경작용을 일으키는 대표적 수단이다.
액자는 무대를 꾸민 것처럼 보이고 풍경요소는 무대 위에 올려진 것처럼 보인다.

다. 하나는 타자를 관조의 대상으로 정의하는 것이다. 풍경은 손을 뻗어도 만질 수 없고 속으로 들어갈 수도 없다. 관객이 무대 위로 올라가면 판이 깨지는 것과 같은 이치이다. 다른 하나는 타자를 주체의 입장에서, 즉 풍경을 관찰자의 입장에서 장악하여 다스리겠다는 것이다. 장경의 기본개념이 풍경요소에 강한 인공적 형식성을 가하는 것이기 때문이다. 그러나 최종결과는 반대로 나타난다. 그럴수록 풍경은 관찰자에서 더 멀어지는 이율배반의 역설이 일어난다. 형식적으로는 인공적 각색을 가해 사람 손아귀에 넣은 것처럼 보이지만, 내용적으로는 이격에 의해 다른 차원에 존재하게 된다. 풍경을 더 멋있고 그럴싸하게 포장해내기는 하지만 그때의 풍경은 원래의 고유한 상태를 잃고 무대에 갇힌 인공적 대상이 된다. 이런 두 가지 입장은 모두 극단적인 것으로 대부분의 한옥에서 장경작용은 두 입장이 적절히 섞인 상태로 나타난다.

　관찰자의 입장에서 보았을 때 장경을 만들어내는 목적은 둘로 나누어 생각할 수 있다. 하나는 순수한 심미적 목적이다. 풍경에 동화되는 직접경험이 부담스러울 때면 여닫이문을 열어 풍경에 무대형식을 가하면 된다. 관찰자의 요구·성향·심리상태 등에 따라 풍경과 거리감을 유지하고 싶을 때 장경을 만든다. 사용자가 자신에게 집중하고 싶은 경우를 대표적 예로 들 수 있다. 장경은, 채에서 디테일에 이르는 많은 구성요소들이 다닥다닥 붙어 있는 한옥의 건축적 특징 아래에서 요소들 사이에 숨통을 터주기 위한 조치이기도 하다.

사랑채에서 일어나는 풍경작용의 의미

다른 하나는 사회적 목적이다. 건축 구성요소나 집안 구성원들 사이에 형식적 거리감이 필요할 때이다. 사랑채와 밖 행랑채 사이나 안채와 안 행랑채 사이가 좋은 예이다.^{사진 29} 특히 사랑채 대청에서 일어나는 장경작용을 대표적 예로 들 수 있다. 사랑채 대청에 앉으면 집안 전경이 풍경요소로 들어온다. 이때 사랑마당이나 행랑마당이 풍경요소와의 사이에 일정한 거리를 확보해주고 대청의 건물골격이 액자에 공간깊이를 주면서 장경작용이 일어난다.

사랑채 대청에서 일어나는 장경작용은 가부장제 아래에서 집주인이 집 전체를 감시하는 기능을 갖는 점에서 사회적 목적에 해당된다. 정여창 고택 사랑채를 보자.^{사진 30} 대감마님은 사랑채 대청에 앉아 집 안 전체를 관조하듯 감상하면서 늘 자신의 지위를 확인한다. 이런 작용은 쌍방향으로 일어나서, 지위만 누리는 것이 아니라 가문을 대표하는 가장으로서의 책임도 각성시켜준다. 풍경을 관조할 수 있다는 말은 곧 집안의 안녕이 유지된다는 의미이기도 하다. 결국 사랑채 대청에서의 장경은 집안 전체를 관리하고 대표하는 가장의 위치를 반영한 풍경작용이라 할 수 있다. 확장하면 솟을대문을 통해 대하게 되는 피지배 계층과의 관계도 이와 유사하다.

유교시대 가부장제 아래에서 가장에게 가장 필요한 것은 권위였고 이를 위해서는 거리감이 필요했다. 소위 너무 풀어주면 명이 안 서기 때문이다. 서양의 군주가 객석에 앉아 무대에 올려진 작품을 평가하는 것과 같은 이치이다. 그러나 이것만으로는 불완전하다. 동시에 가족으로서의 사랑과 동질감도 필요하다. 사랑채 대청에서의 장경작용은 이

29 김동수 고택 안채

안채에서 안 행랑채를 바라본 전경이다. 두 채 사이에는
거리감과 동질감이라는 양면적 관계가 요구된다.
장경은 이것을 만족시키기에 적합한 풍경작용이다.

30 정여창 고택 사랑채

정여창 고택은 사랑채 대청에서 집 안 전경이 제일 잘 보이는 한옥이다.

바깥주인은 가장으로서 집 안 전체를 한눈에 파악할 수 있다.

정여창의 성격이 그대로 드러나는 듯하다.

런 양면성을 만족시키기에 적합하다.

대청과 풍경요소 사이의 건축형식에 나타나는 동질감이 해답이다. 충효당 사랑채를 보자.^{사진 31} 물론 사회적 형식미에 따른 위계질서가 사랑채 대청과 행랑채 사이에 표현되기는 한다. 하지만 서양의 경우보 다는 그 차이가 적다. '가족'이라는 공동체 의식이 함께하기 때문이다. 이러한 공동체 의식은 대청의 개방성과 마당의 규모에도 배어있다. 대청은 행랑채에 대해 '활짝' 열려 있고, 둘을 가르는 마당은 '인간적인 크기'(human scale)를 유지한다. 관찰자와 풍경요소가 완전히 분리되 지는 않는 것이다. 이는 타자를 완전히, 그리고 영원히 남으로 남게 하 지는 않겠다는 의미이다. 타자와 같아질 수는 없으나 타자와 나, 즉 객 체와 주체를 '우리'라는 하나의 공동체로 묶는다는 뜻이다. 지배계층 이 피지배 계층과 같은 마당을 나누어 쓰며 한 공간 안에 동거하는 형 식인데, 두 계층이 완전히 분리되는 서양과 좋은 대비가 된다.

사랑채에서 가장 많이 나타나는 풍경작용은 장경이다. 사랑채 전면 에 걸쳐 장경을 쉽게 접할 수 있다. 그러나 이것만 있는 것이 아니다. 사랑채에서는 차경도 함께 일어난다. 집주인이 사랑채를 사용하는 입 장에 따라 장경이 어울리기도 하고 차경이 어울리기도 한다. 집주인이 집안의 가장으로서 사랑채를 사용할 때에는 앞의 설명과 같이 주로 대 청에서의 장경작용이 적합하다. 가장은 통이 크고 호탕해 보여야 하며 집안 전체를 호령하는 모습을 보여주어야 한다. 그래야 가족 구성원들 이 복종하고 믿고 따른다. 장경작용이 일어나면 사랑채는 주변의 다른 채에 대해 상위 위계를 갖게 된다.

반면 집주인이 그저 한 개인으로서 사랑채를 사용할 때에는 차경이 어울린다. 이때 대청보다는 방이 차경작용의 주요장소이다. 차경은 방

31 충효당 사랑채
사랑채 대청에서 행랑채를 바라본 전경이다. 사랑채가 워낙 검소하고
두 채 사이의 마당 폭도 좁아 위계 차이가 거의 느껴지지 않는다.
유성룡의 인품을 미루어 짐작할 수 있다.

의 전면 창을 통해 당당하게, 활짝 일어나기도 하고 어딘가 한 구석의
낮은 곳에서 은밀하게 일어나기도 한다. 다시 정여창 고택 사랑채를 보
자.사진 32 방 안에서 바깥풍경을 차경으로 받아들이는 장면이다. 대청
에서 집 안 전체를 한눈에 보며 가장의 권위를 지키던 장면과는 사뭇
다르다. 이때에는 가장도 풍경과 거리감 없이 어울리고 싶어하는, 한
개인일 뿐이다. 하루 온종일 가장으로서의 책임에만 몰두해 있을 수는
없는 법, 때론 침잠하고도 싶고 때론 감상에도 젖고 싶을 것이다. 풍경
요소는 더 이상 거리를 두고 지켜봐야 할 집 안 전체가 아니라 문만 열
면 바로 잡힐 것 같은 수목과 꽃이 된다. 차경은 가장이 한 인간으로서

32 정여창 고택 사랑채
방 안에서 보는 풍경은 대청에서 보는 풍경(사진 30)과는 딴판이다.
사랑채 한 채 안에서 바깥주인의 역할 · 기분 · 현재 하고 있는 일 등에 따라
다양한 풍경작용이 일어난다.

풍경을 즐기며 잠시 쉬어갈 수 있도록 도피와 여유를 제공한다.

한편 장경과 차경, 두 가지 풍경작용이 반드시 별도의 두 장소에서 각각 일어나는 것은 아니다. 한 장면에 대해 창 조작을 달리하면 장경과 차경을 모두 만들어낼 수 있다. 창을 활짝 열면 집 전경이 들어오면서 집주인을 가장의 위치로 내몬다. 이때에는 장경작용이 일어난다. 창을 부분적으로 닫아 집은 가리고 수목과 꽃만 선별적으로 받아들이면 차경작용이 일어난다. 집주인은 한 사람의 선비로 돌아와 시상도 가다듬고 난초도 치며 섬세한 심리작용을 즐길 수 있게 된다. 이와 반대의 해석도 가능하다. 여닫이문을 반쯤 열 때 전형적인 장경작용이 일어날 수 있다. 이런 경우에는 창을 활짝 열어젖힐 때 오히려 풍경과의 거리가 좁혀지면서 차경작용이 일어난다.

솟을대문 장경 1: 피지배 계층과 선을 긋다

사랑채 이외에 장경작용이 많이 일어나는 곳은 솟을대문이다. 이는 한옥이 반가(班家)의 주거라는 사실에서 기인한다. 시간이 흐름에 따라 변동이 있긴 했지만 조선시대 양반은 주변지역에 대해 상당히 높은 단계의 지배권을 갖는 지역의 통치자였다. 이 때문에 반가는 통치자의 권위와 위계를 과시할 사회미로 무장해야 했는데 솟을대문이 이 기능을 담당했다. 그러는 한편 농경사회라는 주거 특성상 주변마을과 공동체 의식을 형성하고 화목을 도모하는 등 동질화를 이룰 필요도 있었다. 장경작용에 수반되는 분리와 동질화의 양면적 기능은 여기에 적합했다.

이는 물론 지배를 수월하게 하기 위한 고도의 정치적 목적을 갖지만 순전히 이것만 있었던 것은 아니다. 한국인 특유의 정(情) 문화가 마을 공간을 배경으로 삼아 지배자와 피지배자 사이에도 약하게나마 형성되었던 것으로 볼 수 있다. 같은 산 아래 같은 강을 끼고 살다보니 우리 편이라는 한국적 동질의식이 지배—피지배 관계에서도 나타난 것이다.

양면성은 서원이나 향교 같은 교육공간에서도 동일하게 관찰된다. 지금도 마찬가지이지만 조선시대에는 교육이 지배권력의 핵심을 이루는 매개였다. 이 때문에 교육기관은 주변지역에 대해 위계적 권위를 과시하는 건축적 장치를 갖추게 된다. 중심건물인 대성전을 사찰 대웅전이나 왕궁의 정전과 같은 건축형식으로 짓는 것은 대표적인 예이다. 출입구에 해당되는 문에 2층 누각을 사용한 것도 좋은 예이다. 2층으로 지음으로써 물리적 크기에서 주변을 압도했다. 그런데 이때에도 역시 공간형식은 누각으로 하여 장경작용을 통한 분리와 동질화의 양면적 기능을 함께 추구했다. 누각은 사랑채의 대청과 공간형식이 같아 장경작용도 동일한 방식으로 일어난다. 사랑채에서는 장경작용이 한 집안을 상대로 일어났는데 서원과 향교의 문루에서는 주변마을을 상대로 일어난 것이다.^{사진 33}

솟을대문에서 일어나는 장경작용은 밖에서 안을 보는 경우와 안에서 밖을 보는 경우로 나누어 생각할 수 있다. 전자의 경우에는 사랑채나 중문간채 등의 전경이 풍경요소가 되는 것이 보통이다. 선교장 솟을대문을 보자.^{사진 34} 솟을대문과 풍경요소 사이에 있는 행랑마당이 장경작용에 필요한 거리를 확보해준다. 또 솟을대문은 문이 만들어내는 액자들 가운데에서도 형식성이 유난히 강하기 때문에, 장경작용에 필요한 또 다른 조건인 인공성의 조건을 매우 잘 만족시킨다. 솟을대문의 액자를 통해 들여다보는 집 안 풍경은 정녕코 무대 위에 잘 올려진 인

33 남계서원 풍영루
서원의 대문을 누각형식으로 한 까닭은 이것이 반가의 솟을대문과 유사한 목적을
갖기 때문이다. 누문에서 일어나는 풍경작용은 주변마을에 대해 차별성과
동질성의 양면성을 가져야 하는 점에서 장경이 제격이다.

▶ **34 선교장 솟을대문**
밖에서 안을 들여다 본 모습. 마당이 확보하는 거리와 액자의 강한 형식성은
장경작용이 일어나는 데 필요한 조건을 만족시킨다.

공세트, 즉 장경을 보는 느낌이다.

안에서 밖을 보는 후자의 경우에는 여러 종류의 바깥경치가 풍경요소가 될 수 있다. 하회마을처럼 반가가 마을 속에 있을 때에는 바로 앞집의 담이 풍경요소가 된다(근접 스케일).사진 35 가장 흔한 풍경요소는 피지배 대상이 되는 논과 밭, 그리고 그 주변에 형성된 수목 등 자연경치이다(중간 스케일).사진 26 상황에 따라서는 동구 밖 저 멀리 펼쳐진 산자락까지도 풍경요소가 되기도 한다(원거리 스케일).사진 36 어느 경우건 솟을대문의 액자와 유사성이 적어서 액자의 인공적 형식성을 도드라져 보이게 만든다. 관찰자와의 사이에 최소한의 거리도 확보했기 때문에 장경작용이 일어나기에 좋은 조건을 갖추었다.

솟을대문을 매개로 일어나는 이 같은 양방향의 장경작용이 피지배 대상에 대해서 분리작용을 한다는 것은 쉽게 이해할 수 있다. 피지배계급이 밖에서 안을 들여다볼 경우 '아흔아홉 칸' 양반집의 규모와 복합구성, 그리고 몇 단계는 더 높은 위계의 건축형식 등을 통해 지배계층의 권위를 확실히 느낄 수 있다. 정여창 고택을 보자.사진 37 솟을대문의 의미 그대로, '솟아오르는' 반가의 위용을 제일 잘 보여주는 장면 가운데 하나이다. 한옥의 전형적 모습이기도 하다.

주변의 논밭에 대해서는 인공적 형식성을 통해, 농가에 대해서는 위계적 건축형식을 통해 각각 확실한 차별성을 확보함으로써 통치자의 권위를 세울 수 있었다. 또 솟을대문은 바깥의 피지배 대상을 눈으로 직접 확인하는 감시기능도 했다. 산하와 농토와 농가를 풍경요소로 잡

◀ **35** 남촌댁 솟을대문
반가가 마을 속에 있기 때문에 행랑마당에서 솟을대문을 통해 밖을 보면
동네의 피지배 대상인 옆집 농가가 풍경요소로 들어온다.

36 북촌댁 솟을대문
옆집뿐 아니라 동구 밖 멀리 능선도 풍경요소로 들어올 수 있다.
솟을대문 안에서 밖을 볼 때에는 다양한 스케일의 풍경작용이 가능하다.

37 정여창 고택 솟을대문

사랑채 · 행랑채 · 중문 · 안채 등이 어우러진 반가의 표준적 구성이 풍경요소로 들어온다.

아들여와, 내 손아귀에 넣고 확실하게 다스리고 싶어하는 통치욕망을 만족시키는 것이다.

솟을대문 장경 2: 겸양의 미덕을 구현하다

그러나 위계적 차별화와 위압만이 전부는 아니었다. 피지배 대상과 소통하고 어울려 공동체의 동질성을 만들려는 의도도 엿보인다. 피지배 계층 없이는 지배계층도 존재할 수 없기 때문에 둘은 일정 범위 내에서 공동체를 형성할 수밖에 없다. 특히 전통사회에서는 산으로 에워싸인 지리적 여건 때문에 마을 단위의 폐쇄적 공동체 의식이 강했다. 여기에 문중이나 씨족 등의 개념이 더해지면 마을 전체가 하나의 큰 대가족이 되었다. 이런 상황에서 반가는 지배자로 군림하고만 있을 수는 없었고 주변과 어울리려는 동질화 의지를 상당 부분 보여줘야 했다. 솟을대문 이전에 일반론적인 관점에서, 한옥에 나타나는 겸양의 미덕을 크게 세 가지 정도 읽어낼 수 있다.

첫째, 규모를 과시하지 않는다. 물론 대감댁을 상징하는 '아흔아홉 칸'이 작은 규모는 아니다. '초가삼간'과 대비해 보면 단순 산술로만 계산해도 33배 차이이다. 대감댁을 지칭하는 또 다른 말인 '고래 등 같은' 혹은 '대궐 같은'이라는 말은 이런 차이를 잘 반영한다. 그런데 실제 직접 한옥을 보면 이 정도로까지 크게 느껴지지는 않는다. 면적을 풀어내는 건축형식이 규모를 자랑하지 않는 쪽으로 잡혔기 때문이다.

건물의 물리적 크기를 건축적으로 표출하는 데에는 여러 방식이 있을 수 있다. 한옥은 이것을 몇 개의 채로 나눈 뒤 중간에 마당을 넣는 등의 방식으로 분산시킨다.^{사진 38} 크기가 주는 위압감을 줄이려 한 것

38 수애당 솟을대문

두 개의 문과 담, 그 위로 보이는 사랑채 등 분화하듯 여러 부분으로 나뉘어
집이 구성되어 있다. 크기를 과시하지 않고 소박하게 보이고자 하는 의도이다.

39 수애당 전경
산이 두 겹, 지붕이 두 겹, 담이 한 겹이다.
모두 휴먼 스케일의 수평선을 유지하며 자연과 어울린다.

이다. 건물을 복합구성으로 분할하면 큰 덩어리 하나로 뭉칠 때보다 과시적이지 않게 된다. 마당도 위압감을 줄이는 데 한몫한다. 한옥에서는 마당의 비율이 통상 40~60퍼센트에 이른다. 아흔아홉 칸이라지만 이것은 마당까지 포함한 면적이고 마당을 뺀 건평은 절반 정도로 떨어진다. 말하자면 한옥의 건축적 구성은 어깨에 힘을 뺀 격인 동시에 불어난 몸집에서 바람을 뺀 격이다. 이런 의도는 전경에서도 동일하게 나타난다. 몇 개의 수평선을 중첩시키는 방식으로 아흔아홉 칸의 규모를 분산적으로 풀어낸다.

둘째, 화려한 장식의 절제이다. 공포와 단청을 쓰지 않고 벽의 분할구성과 창살문양만으로 모든 장식을 했다. 이것은 좋게 보면 선비정신의 발로이고, 현실적 배경에서 보면 왕의 권위를 세우기 위해 일부러 제한한 것이다. 사실 아흔아홉 칸으로 한옥의 규모가 묶인 것도 그렇게 볼 수 있다. 아흔아홉 칸을 넘어서면 절대크기 자체가 너무 커지기도 하려니와 더 중요한 것은 '백'(百)이 갖는 완결적 상징성을 왕이 독점할 수 없게 된다. 건축형식으로 보았을 때 한옥은 궁궐과 초가의 중간단계에 위치하는데, 굳이 편을 가르자면 '민가'라는 큰 이름 아래 초가와 한옥이 하나로 묶일 수 있다. 유교적 왕조시대라는 조건에서 양반과 피지배 계층이 일정한 동질성을 공유했다는 의미이다.

셋째, 주변환경과 어울리려는 의도이다. 한옥의 전경에 나타나는 뒷산과의 자연스러운 어울림이 좋은 예이다. 한옥은 몇 겹의 수평선을 중첩시켜 넓은 면적을 풀어내는데, 이로써 한국 산하의 일반적 조형특징과 유사한 모습을 띠게 된다.^{사진 39} 이렇게 자연환경과 어울리려는 의도는 인공환경과 어울리려는 의도로까지 연결된다. 가령 한옥은 농가의 평면형식을 원형으로 삼는다. 한옥의 평면구성이 복잡해보이지만 사실 대청을 중심으로 양쪽에 방을 갖는 초가삼간의 구성을 x-y축 양방향으로 증식한 것뿐이다. 이것은 앞서 한옥과 초가를 같은 유형으로 분류한 근거 가운데 하나이기도 하다.

이상의 내용은 솟을대문의 장경작용에서도 크게 달라지지 않는다. 솟을대문을 통해 들여다보이는 대감댁이라는 풍경요소에도 겸손함이 스며 있다. 먼저 풍경요소에 가해진 적절한 분절처리는 전체 분위기에 분산적 여유를 주며 구성미와 율동감 등 친근감을 유발한다. 관찰자와 풍경요소 중간에 자리한 휴먼 스케일의 마당은 적절한 거리감을 주면서도 너무 멀지 않게 느껴진다. 결과적으로 솟을대문을 통해 들여다보는 대감댁 장경은 화장기 없는 수수한 얼굴을 하게 된다. 뿐더러 피지배 계층은 대감댁이 자신들의 집과 닮은 점이 있는 것을 보고 동질감마저 느낄 수 있다.

솟을대문이라는 액자의 상태도 중요하다. 액자를 크게 짜거나 온갖 장식으로 화려하게 꾸미는 것은, 풍경과 하나 되기보다는 풍경을 압도해서 자신의 존재를 알리자는 것이다. 솟을대문에는 이것을 방지하기 위한 상한선이 있다. 먼저 높이를 보자. 솟을대문이 높다고는 하나 다분히 시각적 차원에서 그러할 뿐 실제 물리적 크기는 그다지 높지 않다. 충효당 솟을대문은 좋은 예이다.^{사진 40} 양옆 행랑채의 수평선 사이를 뚫고 불쑥 솟아오르기 때문에 대비적으로는 높아보인다. 그러나 실제 높이는 5, 6미터를 넘지 않아 2층이 채 안 된다.

이때 솟을대문이라는 명칭이 주는 암시효과도 크다. 괜히 솟아오르는 것 같은 선입견을 주기 때문이다. 그러나 실제로 '솟을'이라는 말은 마을 어귀에 세워진 솟대에서 온 말로 '표식의 기능을 갖는다'는 뜻이다. 솟을대문은 건축형식도 소박한 편이다. 문짝이 다소 크기는 하지만 이것은 과시가 아니라 수직-수평 비율을 맞추기 위한 균형감각 정도로 볼 수 있다. 문짝 위로는 홍살을 두고 그 위에 작은 지붕을 얹는 매우 기본적인 구성만으로 이루어져 있다.

풍경요소와 액자에 모두 겸양이 흐르고 있기 때문에 여기에서 일어나는 장경작용도 당연히 그러하다. 솟을대문이 갖는 풍경요소에 대한 스케일 조절 능력이 핵심사항인데 그 비밀은 솟을대문의 크기와 형상에 있다. 2미터 안팎의 문짝 폭과 5미터 안팎의 전체 높이라는 절대크기 자체와 이것이 만들어내는 수직-수평 비율이 구체적 내용이다. 이 크기와 비율은 한국의 산하와 농촌 풍경을 장경으로 담아내는 데에 과하지도 부족하지도 않은 매우 적절한 규모이다.

적절함은 풍경요소에 대한 스케일 조절 능력으로 나타난다. 풍경요소가 근접 스케일일 때에는 문의 폭에 초점을 맞추면 상대적으로 액자가 작아지면서 짧은 거리에 맞는 장경작용이 일어난다. 문밖에 바로 앞집 담이 있거나 거꾸로 밖에서 집 안을 들여다보는 경우이다. 괴산 김기응 가옥을 보자.^{사진 41} 솟을대문이 그다지 크게 느껴지지 않으면서 휴먼 스케일의 범위 내에 머무른다. 솟을 듯한 위용과 달리 의외로 아담하게 느껴지기도 한다. 반대로 원거리 스케일인 경우에는 초점을 문의 전체 높이에 맞추면 웬만한 먼 풍경도 거뜬히 담아낸다. 안동 수애당을 보자.^{사진 42} 문밖 산하 전체를 풍경요소로 담는 기개를 과시한다.

▼ **40** 충효당 솟을대문
높다면 높고 낮다면 낮다. 스케일을 통한 절묘한 양면성이다.
반가의 위용과 백성과의 친밀감이라는 이항대립을 조화시키려 한
유성룡의 고민을 읽을 수 있다.

41 김기응 가옥 솟을대문

문짝에 근접해서 보면 솟을대문도 휴먼 스케일의 범위를
벗어나지 않은 경우가 대부분이다.

42 수애당 솟을대문

몇 발짝 떨어져서 보면 솟을대문은 먼 산 같은 원경도 담을 수 있다.
풍경효과 덕에 솟을대문이 실제 크기에 비해 더 크게 보인다.

솟을대문을 구성하는 건축형식은 스케일 조절 능력을 돕는다. 솟을
대문은 수직 방향으로 '문짝-홍살-서까래-처마-지붕'의 복합구성으
로 이루어진다. 여러 층으로 이루어지기 때문에 필요에 따라 문의 위쪽
한계를 적당한 곳에서 끊어서 보면 된다. 높이에 비해 상대적으로 크기
가 작은 '폭'에 초점을 맞출 경우에는 가장 아래쪽인 문짝까지만 액자
로 삼을 수 있다. 반면 솟을대문의 수직 방향에 초점을 맞출 경우에는
처마와 지붕까지도 모두 액자로 보면서 높이 전체를 활용하면 된다.

솟을대문 장경 3: 대감댁의 우아함을 감상하다

솟을대문에서 일어나는 장경작용은 반가가 갖는 규모의 위용을 중화
시켜준다. 예술을 통한 심미화 기능인데, 왕조시대에 동서양 지배계층
이 공히 쓰던 통치수단이기도 했다. 물리력이 아닌 좀더 부드럽고 우
아한 예술을 이용해서 피지배 계층의 동의를 이끌어내는 것이다. 예술
에서도 장르에 따라 역할차이가 있었다. 미술은 스케일이 작고 개인사
의 성격이 강하기 때문에 섬세한 예술성을 매개로 피지배 계층의 감성
에 호소했다. 건축은 스케일이 크고 공공사의 성격이 강하기 때문에 다
수를 상대로 지배자의 권위를 과시했다.

솟을대문에 나타난 장경작용의 심미화 기능은 이 둘의 중간 정도에
위치한다. 솟을대문이 갖는 스케일 조절 능력을 통해 웅장한 과시에서
섬세한 액자작용에 이르는 다양한 풍경작용을 구사할 수 있다. 강화도
용흥궁 솟을대문을 보자.^{사진 43} 문은 보기에 따라 크게 느껴지기도 하고
아담하게 느껴지기도 하는 묘한 양면성을 가졌다. 솟을대문은 건축인
동시에 미술이었다. 물론 이것은 솟을대문에만 국한된 것은 아니었다.

43 용흥궁 솟을대문

대문 속을 가득 채우는 집 안 풍경은 솟을대문을 통해 심미화의 대상이 된다.

44 안동 의성김씨 종택 솟을대문
집 전경이 작은 규모가 아니고 지붕형식도 '대궐 같은 양반집'의 전형적인 모습이다.
그러나 이것을 액자 속 풍경요소로 담으면서 위압감을 대폭 줄였다.

한옥 곳곳에서 풍경작용이 시시각각 일어나 수많은 그림을 그려냈다. 이 가운데 솟을대문은 양반이 피지배 계층과 마주하는 지점이었기 때문에 이러한 양면성이 통치적 성격을 띠었다.

피지배 계층이 솟을대문을 통해 대감댁을 들여다볼 때 일차적으로는 집의 규모와 건축형식의 위계성 등으로 인해 위압감과 경외감을 느끼게 된다. 그러나 이것이 서양처럼 휴먼 스케일을 초월한 거석구조로 과시되는 것이 아니라 액자 속의 그림처럼 보이면서 위압감과 경외감은 대폭 감소된다. 안동 의성김씨 종택을 보자.^{사진 44} 대문 속 집 전경은 분명 작은 규모는 아니다. 그러나 대문의 액자작용을 통해 마치 전통화 한 폭을 보는 느낌에 근접하게 된다. 전통 농경사회에서 솟을대문 전체의 크기는 분명 계급을 가르는 차별성을 가질 수 있었다. 하지만 정작 그 속에 난 두 개의 문짝은 생각보다 크지 않아, 문짝을 통해 들여다보이는 대감댁 전경은 액자 속 그림 한 폭에 비유할 만했다. '고래 등 같은' 대감댁을 적절히 쪼개 액자 크기 안으로 잡아넣어 규모의 위압감을 대폭 완화시킨 것이다.

대감댁이 솟을대문을 통해 심미화의 대상이 되면 피지배 계층은 대감댁을 일대일 객관적 대응관계로 대할 수 있게 된다. 왕조시대에 양반과 평민 사이에는 결코 넘나들 수 없는 계급의 차이가 엄존했다. 대감댁과 농가는 규모와 건축형식 등 여러 면에서 차이를 보이면서 이것을 물리적으로 확실하게 보여주었다. 농민들은 대감댁을 보면서 자신들이 피지배 계층임을 세뇌당했다.

이런 상태에서 피지배 계층이 대감댁에 대해 갖는 관계는 일방통행의 주관적 통보였다. 피지배 계층은 주체의 권리를 갖지 못한 채 객체로 남았다. 주체는 대감댁, 그 주인인 대감 한 명뿐이었으며 피지배 계

45 하회댁 솟을대문

대감댁은 나지막한 솟을대문 속에 아기자기한 풍경요소로 나뉘어 있다.
지배계층의 권위가 전혀 느껴지지 않고 오히려 친숙하고 살가워 보인다.

층은 수동태의 종속대상으로 남았다. 주체가 객체에게 자신의 의견과 감정을 일방적으로 통보하는 주관적 종속관계뿐이었다.

대감댁이 솟을대문의 액자 속으로 들어와 장경작용의 대상이 되면 이와 반대의 관계가 형성된다. 대감댁은 더 이상 영원히 넘볼 수 없는 성전이 아니다. 심미화의 감상대상이 되면서 계급적 상징기능에서 해제된다. 한개마을 하회댁을 보자.^{사진 45} 솟을대문 자체도 아담하려니와 그것을 통해 들여다보이는 집 안 전경도 전혀 권위적으로 느껴지지 않는다. 평화로운 풍경화 한 폭을 보는 것 같다. 지배계급을 상징하는, 따라서 양반 그 자체와 동일시되는 인격화 기능에서 탈피하게 되는 것이다. 탈인격화가 일어나면서 대감댁은 주관적 주체에서 객관적 대상으로 변하게 된다. 피지배 계층은 대감댁으로부터 더이상 일방적 통보를 받지 않아도 된다. 주체인 동시에 객체인 양방향의 객관적 대응관계가 형성되는 것이다.

자경 自景

집 안에 앉아 내 집을 보다

내가 나를 본다는 것의 의미

지금까지는 풍경작용을 주로 액자의 관점에서 보았다. 이것을 풍경요소의 관점에서 보면 다른 분류가 가능하다. 풍경요소의 종류는 크게 자연물과 집의 일부로 나눌 수 있다. 전자는 대부분의 집에서 흔히 일어나는 풍경작용이다. 창밖에 수목 한 점만 있으면 되기 때문이다. 후자는 좀 다르다. 방 안에 앉아서 내 집을 풍경으로 감상할 수 있는 것은 한옥만의 독특한 특징에 해당된다. 이것을 '자경'이라는 개념으로 정의할 수 있다. 자경은 말 그대로 자기가 자기 스스로를 본다는 의미이다. 집에 적용하면 내 집의 모습을 풍경요소로 활용한다는 의미이다. 집을 주체와 동격으로 가정한 상태에서 자기 스스로를 풍경요소로 활용하는 입장이다. 주체가 관찰자인 동시에 피감상 대상, 즉 객체가 되는 것이다.

자경에는 두 가지 조건이 필요하다. 먼저 풍경요소가 수목이나 꽃이 아닌 집의 일부분이어야 한다. 이를테면 담·창·문·벽·지붕·대청 등을 들 수 있다. 액자작용을 일으키는 주체로서의 집이 동시에 풍경요소인 객체도 되는 것이다. 자경에서는 액자와 풍경 모두가 집의 일부분이다. 다음으로, 풍경작용이 집 안에서 일어나야 한다. 내 집을 집밖에서 보는 것은 너무 당연하고 평범하다. 내가 남을 보거나 남이 나를 보는 일방통행의 시각작용은 새로울 것이 전혀 없다.

한옥에서는 집 안에 앉아서 내 집의 생김새를 볼 수 있다. 내가 남을 봄과 동시에 남의 입장이 되어 나 스스로를 보게 되는 쌍방향 시각작용을 한 번에 행하는 것이다. 이것을 적극적으로 활용하여 풍경작용으로 만든 것이 자경이다. 임청각 군자정을 보자. ^{사진 46} 군자정은 이 집의 사랑채인데 방 안에 앉아 문을 열면 중문을 포함한 안채 전경이 풍경요소로 들어온다. 영락없이 집을 그린 한 폭의 그림이다.

집 안에 앉아서 내 집을 본다는 것은 내 스스로 내 몸을 본다는 말이며, 확장하면 내가 나를 본다는 말과 같다. 내가 나를 본다는 것은 여러 가지 의미를 갖는데 세 가지로 요약할 수 있다. 첫째, 나르시스의 심리작용이다. 다 아는 바와 같이 나르시스는 그리스 신화에 나오는 인물로 연못에 비친 자신의 아름다운 모습에 반해 스스로와 사랑에 빠진다. 나르시시즘은 여기에서 파생한 말로 자기애라는 의미이다. 이것을 한옥의 자경에 적용하면 자기 집을 보면서 느끼는 자기만족 상태이거나 혹은 자기 집을 풍경요소로 즐길 수 있는 자기애의 여유가 된다.

그런데 자기애에도 단계가 있다. 나르시시즘보다 낮은 등급이 오토에로티시즘(autoeroticism, 自體愛)이다. 정신분석학에서 오토에로티시즘은 자신의 신체를 감각적이고 단편적인 성충동의 대상으로만 보

▶ **46** | 임청각 군자정
사랑채 방에 앉아서 문을 열면 집 안 전경이 액자 속에 들어온다.
한옥에서 일어나는 풍경작용의 전형적 장면이다.

는 것을 말한다. 한옥의 자경도 이런 단계를 포함한다. 채 분할과 꺾임이 많은 구조로 인해 한옥의 수없이 많은 지점에서 일어나는 하나하나의 자경작용은, 단편적일 뿐 아니라 관음적 내용도 포함하기 때문에 오토에로티시즘에 비유할 수 있다. 집 안에 앉아 자기 집의 속살을 보면서 단편적 관음작용을 즐긴다는 의미이다. 향단을 보자.^{사진 47, 48} 향단은 변화가 매우 심한 한옥이기 때문에 무한대로 다양한 자경들의 조합으로 전체 집이 이루어진다고 할 수 있을 정도이다.

그러나 자경의 진수는 이런 단편적 작용에 있지 않고 이것들을 합한 총체적 작용에 있다. 요컨대 단편적인 오토에로티시즘에서 대상을 총체적이고 통일되게 사랑하는 단계인 나르시시즘으로 나아가는 데에 자경의 진정한 의미가 있다. 프로이트는 나르시시즘을 오토에로티시즘보다 한 단계 성숙한 상태로 정의했다. 물론 이상적으로 보면 나르시시즘도 아직 불완전한 단계이지만, 적어도 자신의 신체를 종합적 인격체로 징의한다는 짐에서는 일정 수준의 인격미를 획득한 상태로 볼 수 있다. 자경의 파편들을 모아야 비로소 집의 총체적 조형미가 완성될 수 있다는 의미이다.

둘째, 내가 나를 본다는 것은 자아성찰의 의미를 갖는다. 증자(曾子)는 『일성록』(日省錄)에서 '하루 세 번 내 몸을 돌이켜 살핀다'고 했다. 증자는 형식적 예(禮)보다는 실천을 위주로 한 자기수양을 중시했는데 특히 날마다 세 가지로 자신을 반성하는 것을 요체로 보았다. 내가 잘하고 있는지, 잘못하는 것은 없는지, 몸가짐이 흐트러지지는 않았는지 등 끊임없이 스스로를 살펴 돌아보라는 가르침이다.

자기경계를 게을리 하지 말라는 뜻인데 한옥이라는 물리적 유구에 잘 맞는 개념이다. 자경은 이것을 적극 활용한 풍경작용이다. 방 안에

47 향단 사랑채

자경작용이 지붕의 일부분을 크게 확대해서 보는 것처럼 일어나고 있는데
이런 장면에는 자신의 단편적 신체를 즐기는 오토에로티즘 개념을 적용할 수 있다.

48 향단 안채

채와 채 사이, 방과 방 사이의 거리가 짧은 향단에서는 자잘한 자경작용이 수없이 일어난다.
이것들은 단편적으로도 의미를 갖긴 하지만 모두 합쳐져야 비로소 집의 전모가 파악될 수 있다.

49 맹사성 고택

방 안에 앉아 대청을 가로질러 반대편 방을 본 장면이다. 자경이 일어나는 전형적 경우인데
흰 회벽을 가로지르는 기둥과 보에 창살문양이 더해지면서 강한 질서기능을 갖는다.

앉아서 내 집의 반듯한 모습을 보는 것만으로 자기수양에 도움을 받을 수 있다.^{사진 49} 집의 속살을 본다는 것은 단순히 감상만 하자는 것이 아니다. 집 관리를 소홀히 하고 있지는 않은지 살피려는 의도도 함께 들어있다. 자경작용은 사용빈도가 높아 망가지기 쉬운 취약지점을 한눈에 살필 수 있게 해준다.^{사진 50} 이때 살펴 가꾸는 일은 단순히 물리적 차원에 머물지 않는다. 정성을 준다는 것이고 마음을 싣는다는 것이다. 외관을 내심의 발로로서 인격미에 대응되는 것으로 본 유교사상에서 유추할 수 있는 대목이다.

말하자면 자기 얼굴에 책임을 지라는 말과 같다. 가정주부가 인테리어를 꾸미는 것은 단순히 집의 껍데기만 예쁘게 만드는 것이 아니다. 자신의 존재 자체를 다듬는 행위이다. 집을 곧 나와 동격으로 여기면서, 집을 가꿈으로써 나의 존재가치를 향상시키려는 것이다. 사람이 신체와 정신이 하나로 합쳐진 총체적 인격이듯, 집도 물리적 외관과 '감각—정신—심리'가 하나로 합쳐진 총체적 존재이다. 가령 아이들이 학교에 가고 없을 때 아이들 방을 물끄러미 바라보면 총체적 인격으로서의 자녀가 떠오른다. 얼굴 · 신체 · 몸짓 · 미소 · 웃음소리 · 성격 · 체취 · 목소리 등 그 내용은 다양하다. 집은 이것들 모두를 포괄하며 이것들 모두와 동격이다. 집을 돌보는 것은 곧 집과 동격인 사람을 돌보는 것과 같다.

증자의 가르침은 단순히 내 몸에 때가 묻지 않았나만 살피라는 의미가 아니다. 몸을 살핌으로써 마음가짐도 살필 수 있다는, 몸가짐을 반듯이 하면 마음가짐도 반듯해진다는 유교적 형식미의 핵심개념을 담고 있다. 한평생 반듯하게 살아온 선비는 멀리서 걸음걸이 하나만 보아도 구별이 된다. 마음과 정신은 숨김없이 그대로 외관과 몸가짐에

50 두곡고택

자경은 집과 공구의 정돈상태를 항상 살필 수 있게 해주는 공리적 기능을 갖는다.
집을 가꾸는 것은 단순한 물리적 차원을 넘어 마음까지 정갈하게 다듬는 행위이다.

드러난다. 내 집의 모습을 살피는 자경작용도 마찬가지이다. 단순히 집의 외관만 살피는 것이 아니라 집을 사용하는 식구들의 마음과 정신 상태까지도 살핀다는 의미이다. 이것을 집 안에 앉아서 집 속을 보면서 하는 것이니 내가 나를 보는 대상이 외관이 아니라 내 속이 되는 것이다. 수애당 사랑채를 보자.^{사진 51} 액자를 만드는 창과 처마선의 엄격한 형식미에 행랑채의 질서정연한 모습이 풍경요소로 더해진다. 온종일 이런 풍경을 보면서 생활하면 몸가짐이 절대 흐트러질 수 없을 것이다.

타자 동일화와 자경의 전도현상

셋째, 자아의식을 확고히 한다는 의미이다. 자경작용은 관찰자와 대상이 모두 자아이다. 모든 질서가 나를 중심으로 짜인다. 그러나 자기 중심적이라거나 이기적이라는 뜻은 아니다. 그보다는 자기의 존재를 스스로 확인하는 차원에서 자존감을 확보한다는 의미에 가깝다. 이를 통해 자기 정체성을 확보한다. 그 목적은 나와 대상, 즉 나와 주변 사이에 동일화 작용을 일으키는 쌍방향 교류에 있다. 세상을 나 중심으로 재편하려는 것이 아니라 오히려 타자와 나를 동일시하려는 것이다.

타자 동일화는 동양에서는 낯익은 개념이다. 대표적 예로 『유마경』(維摩經)의 불이(不二)사상을 들 수 있다. 불이사상은 세상을 가르는 온갖 이분법을 모두 거부하며, 이런 편가름은 모두 인간의 욕심과 지식

◀ **51** 수애당 사랑채
내 집이 반듯한 모습을 유지하고 있다는 것을 확인하는 것은 곧 내 몸가짐을 반듯하게 갖는 것과 같다. 이는 선비의 덕목을 건축형식으로 구현하는 상징성을 갖는다.

이 만들어낸 헛것이라고 가르친다. 세상만물은 본디 하나로 존재했는데 인간들이 자신들의 편의와 이기심에 따라 이리 나누고 저리 나누었다는 말이다. 나와 너, 주체와 객체도 이분법의 좋은 예이다. 불이사상에 따르면, 사람들의 육체는 비록 너와 나로 분리되어 있지만 인격관계에서는 쌍방향 교류를 바탕으로 타자 동일화를 이루어야 한다.

실제로 한옥의 자경작용은 건물의 불이구조에서 기인한다. 안채나 사랑채의 방 안에서 창을 열었을 때 대청 맞은편에 있는 건넌방이 풍경요소가 되는 경우를 보자.^{사진 52} 이때 풍경요소가 되는 건넌방은 외부도 아니고 내부도 아닌 애매한 상태에 있다. 외기(外氣)를 마주한다는 사실을 기준으로 하면 외부공간으로 볼 수 있으나, 신발을 벗고 생활하는 공간이며 방 안에 앉아서 그 모습을 볼 수 있는 점에서는 실내다운 요소도 함께 갖고 있다.

이런 양면적 상태를 외부도 내부도 아닌 애매한 것으로 받아들이는 것 자체가 인간의 편견일 수 있다. 내외 사이에 항상 명확한 편가름이 있어야 하는 것은 아니다. 건넌방이 처한 상태는 애매한 것이 아니다. 그 자체가 하나의 독립적 상태일 뿐이다. 내부와 외부 중 어느 하나가 아닌 제3의 상태, 말하자면 내부와 외부가 불이적으로 일치한 상태인 것이다. 이것은 공간이 원래 존재하던 모습으로 내외공간보다 더 근원적이다.

한옥의 불이공간은 꺾임 · 증식분할 · 나눔 등이 많은 평면구성에서 기인한다. 이미 개별 채에서부터 한 번 꺾인 'ㄱ'자형, 두 번 꺾인 'ㄷ'

▶ **52** 김동수 고택 사랑채
대청은 집 안도 집 밖도 아닌 둘 사이의 중간상태인 전이공간이기 때문에
'방 안에서 내 집의 일부분을 본다'는 자경의 의미를 확실하게 정의해준다.

자형, 세 번 꺾여 에워싸는 'ㅁ'자형, 에워싼 다음 한 번 더 뻗어나간 'ㅂ'자형 등 구성방식이 다양하다. 한글 자음과 닮은꼴을 보이기도 하려니와 한자에까지도 유추할 수 있는 더 복잡한 구성들도 많다. 이런 구성들을 꺾임으로 볼 수도 있지만, 씨앗이 발아하듯 방 하나의 기본 공간단위가 증식하면서 분할한 것으로 볼 수도 있다. 한옥 전체로 보면 이런 개별 채들이 다시 몇 개씩 어울리면서 한자에 유추할 수 있는 복잡한 구성으로 발전한다.

집과 집이 마주보기도 하고 직각으로 어긋나 비스듬히 맞서기도 한다. 창만 열면 집의 다른 부분이 보여 자경작용이 쉽게 일어난다는 뜻이다. 운조루 안채를 보자.사진 53 문을 열면 밖이 보이는 것이 아니라 공간 켜와 집의 다른 일부가 보인다. 채와 채 사이를 담이 가르고 문이 나면서 자경작용의 가능성은 증폭된다. 마당과 대청도 자경작용을 유발하는 중요한 요인이다. 꺾임과 분할이 많은 상태에서 건물과 건물 사이에 마당과 대청이 끼어든다. 마당과 대청은 공간 켜의 복층화를 도우며 불이공간을 형성하는 중심요소이다.

자경이 갖는 쌍방향 교류의 의미를 보여주는 또 다른 건축현상으로 '전도'를 들 수 있다. 전도란 집의 이쪽 부분은 저쪽 부분을 풍경요소로 끌어들이고, 반대로 저쪽 부분은 이쪽 부분을 풍경요소로 끌어들이는 것을 의미한다. 한규설 대감가 안채를 보자.사진 54 내가 있는 지점을 기준으로 삼으면 창밖 집이 풍경요소이지만 거꾸로 창밖 집에서 보면 내가 풍경요소가 된다. 한옥은 꺾임과 채 나눔이 심한 구조를 하고 있기 때문에 이런 전도가 수시로 일어난다. 타자 동일화를 건축공간의 관점에서 풀어쓴 개념이다. 액자와 풍경요소, 혹은 관찰자와 풍경요소는 서로 주체와 객체 사이를 오간다. 둘은 이분법으로 나뉘어 대립하

53 운조루 안채

채와 채가 마당을 사이에 두고 마주하는 구조이기 때문에
이쪽 채 방 안에서 밖을 보면 마당과 건너편 채가 액자 속 풍경요소로 잡힌다.

54 한규설 대감가 안채

창밖 풍경요소는 다른 채인 동시에 내가 앉아 있는 채를
거울에 비춘 것처럼 느껴지기도 한다. 자경이 쌍방향으로 작동한 결과이다.

지 않는다. 전도는 매우 부드러워 둘 사이에는 서로를 구별하기 힘든 일체 상태가 나타난다. 문양·건축형식·분위기 등 조형적 통일이 먼저 일어나고 풍경적 어울림으로까지 발전한다.

전도는 유교시대 주거형식에서 사회 형식미를 창출하는 기능을 갖는다. 자경에서는 풍경요소가 집의 일부분이라서 액자와 잘 어울린다. 액자 역시 창·문·서까래·처마 등 집의 일부분이기 때문이다. 관찰자와 풍경요소를 분리시키는 액자의 형식화 기능은 많이 약해진다. 액자 스스로 풍경요소가 되어 원래의 풍경요소와 어울려 더 큰 하나의 풍경을 만들어낸다. 한규설 대감가 솟을대문을 보자.^{사진 55} 액자를 이루는 문·서까래·처마 등이 풍경요소에서 반복된다. 액자와 풍경요소는 닮은꼴이 된다. 유교건축에서 이런 건축 부재들은 그 자체가 일정한 질서기능을 갖는데, 이것이 양쪽에서 두 세트로 합해지니 그 효과가 대폭 강화된다. 이는 몽타주와 문양종합 등 다음 단계의 풍경작용으로 발전하는 출발점이 된다. 액자와 풍경요소는 구성분할과 창살문양을 매개로 삼아 주제와 변주 개념으로 어울려 사회 형식미를 만들어낸다. 자경은 유교시대 지배계층의 주거인 반가에 사회미를 보강하는 기능을 한다.

'방향 전도', 혹은 '위치 전도'라는 것도 있다. 풍경작용이 문이나 창을 통해 이쪽과 저쪽, 혹은 안과 밖을 오가며 양방향으로 일어난다는 의미이다. 문의 밖에서 안을 들여다보면 내가 있는 방이 풍경요소가 되면서 풍경작용이 일어난다. 나는 피사체가 된다. 거꾸로 문 안에서 밖을 내다보면 내가 관찰자가 되고 집의 다른 부분이 풍경요소, 즉 피사체가 된다. 방향과 위치를 매개로 한 나와 너, 주체와 객체, 관찰자와 피사체 사이의 전도이다. 전도작용은 불이사상을 구체화하는 건축적

55 한규설 대감가 솟을대문
액자와 풍경요소에 모두 문·서까래·처마 등의 건축 부재가 들어간다.
가지런한 형상들이 두 세트 겹쳐지면서 단정한 질서미가 고즈넉하게 형성된다.

전략의 하나이다.

안채와 사랑채의 사회적 의미

"눈은 마음의 창"이라는 말에서 알 수 있듯이 '창'이라는 단어 속에는 '무엇인가를 들여다봐서 내용물이나 속사정을 알아낼 수 있는 통로'라는 의미가 들어있다. 이 말은 거꾸로 '안에서 밖을 바라보는 통로'라는 의미이기도 하다. 눈은 사람의 마음상태를 가늠하는 기준인 동시에 그 사람이 세상을 바라보는 잣대이기도 하다. 내 마음상태와 내가 세상을 바라보는 시각은 결국 같은 것이기 때문이다. 마찬가지로 한옥에서도 창을 통해서 풍경을 보고 거꾸로 창을 통해 내 속이 보이는 쌍방향 작용이 일어난다. 창은 바깥을 향한 풍경작용의 통로인 동시에 안을 향한 풍경작용의 통로이기도 한 것이다.

자경에서는 차경과 장경이 모두 일어난다. 차경과 장경은 액자작용을 기준으로 한 분류이기 때문에 풍경요소가 집의 일부분이기만 하면 둘 모두 일어날 수 있다. 관찰자와 풍경요소 사이에 일정한 밀접함이 유지되고 액자형식도 단순하면 차경적 자경에 머물고 이 범위를 벗어나면 장경적 자경이 된다. 풍경요소가 액자를 가득 채우면서 관찰자와 같은 차원이나 세계에 있다는 느낌을 주면 차경적 자경, 둘 사이에 이격작용이 일어나 다른 차원에 있는 것으로 느껴지면 장경적 자경이다.

▼ **56** 한규설 대감가 사랑채
사랑채는 기능상 대청과 행랑채 사이에 넓은 마당을 갖는 것이 보통이고
이것은 풍경작용을 장경으로 만드는 작용을 한다.
사랑채의 주인인 집안 가장에게 어울리는 풍경작용이다.

이런 구별을 잘 보여주는 예로 사랑채와 안채의 차이를 들 수 있다. 두 채 모두 대청에서 행랑채를 바라보는 경우가 풍경작용의 대표적인 상황인데, 사랑채에서는 주로 장경이 일어나는 반면 안채에서는 자경이 주로 일어난다. 대청에서 행랑채를 바라보는 지점은 둘로 나눌 수 있다. 이 두 곳의 경우 각각에서 사랑채와 안채의 차이를 살펴보자.

먼저 대청마루 위이다. 이때에는 대청마루 앞쪽에 서 있는 기둥이 지붕 처마와 만나서 만드는 윤곽이 액자가 된다. 행랑채가 이 액자 속에 들어오게 되는데, 사랑채와 행랑채 사이에 마당이 있는 경우가 보통이기 때문에 이격작용에 의해 장경이 일어난다.^{사진 56} 반면 안채에서는 마당 대신 건넌방·부엌·창고 등 건물이 들어서기 때문에 액자와 풍경요소 사이가 단절 없이 연속적으로 이어진다. 장경으로까지 나아가지 않고 차경적 자경에 머문다.^{사진 57}

다른 한 곳은 건물 뒷면이다. 건물 뒤로 돌아기 창을 통해 대청을 가로질러 행랑채를 보는 경우이다. 이때에는 액자가 대청 뒷면의 창과 앞면의 '기둥—처마' 세트 두 겹이기 때문에 기본적으로 장경이 되기 쉽다. 장경의 전제조건인 인공적 형식성을 만족시키기 때문이다. 그러나 이때에도 사랑채와 안채에는 차이가 난다. 사랑채에서는 마당의 이격작용에 의해서 장경이 보강되어 나타난다.^{사진 58} 반면 안채에서는 자경요소가 액자를 가득 채우기 때문에 두 겹의 액자는 장경의 전제조건이 되기보다는 '액자 속 액자'라는 또 다른 풍경작용으로 발전하게 된다.^{사진 59} 경우에 따라서는 콜라주가 최종장면으로 나타나기도 한다. 많은 수의 풍경요소가 잘게 나뉜 뒤 급하게 연속될 때이다.

이상의 차이는 사랑채와 안채의 사회적 속성 차이에서 기인한다. 사

57 관가정 안채

안채의 안마당은 오밀조밀한 휴먼 스케일을 갖기 때문에
풍경작용이 차경으로 나타난다. 안주인의 상징성에 대응되는 현상이다.

58 김동수 고택 사랑채

대청 뒷마당에서 대청을 가로질러 행랑채를 바라본 장면이다.
행랑마당이 액지외 풍경요소 사이에서 이격직용을 하기 때문에 판찰사와 행랑채
사이에는 일정한 거리감이 생기고 이것이 장경작용을 유발한다.

랑채는 계급사회와 가부장제 아래에서 바깥주인, 즉 가장의 공간이기
때문에 집안의 주변 구성원들과 일정한 거리감을 유지할 필요가 있다.
부정적으로 보면 권위적 차별일 수 있겠으나 당시 사회에서는 질서유
지라는 순기능을 가졌다. 이를 위해 장경작용이 필요했다. 집안의 중
심공간이었기 때문에 다른 채들과 일정한 거리를 유지해야 전체 질서
가 잡혔다.

반면 안채는 안주인의 공간으로서 요구되는 역할과 기능이 달랐다.
집안 살림을 총지휘하고 책임지는 실무본부 같은 곳이었다. 음식을 만
들고 옷을 짓는 등 집안 살림살이를 이끌다보면 부리는 하인들과 훨씬

59 관가정 안채
대청 뒤에서 뒷면 창을 통해 앞을 바라본 풍경이다.
'액자 속 액자'에 의해 차경이 보강되어 나타난다.

가깝게 접촉을 해야 했다. 그래야 기능적으로 잘 돌아가는 공간이었
다. 이렇다보니 안채에 요구되는 공간도 숫자와 종류 모두에서 사랑채
보다 더 많았다. 방이 여러 개 필요했으며 부엌이 안방과 더불어 또 다
른 핵심공간이었다. 이를 지원하는 여러 종류의 창고도 필요했다.

　어머니의 치마폭 같은 안채의 'ㅁ'자형 공간

　'ㅁ'자형이라는 중정형 공간도 안채의 풍경작용을 사랑채와 차이 나
게 만드는 중요한 요인이었다. 안채에는 아낙들이 사시사철 집안일을

할 수 있는 아늑한 공간이 필요했기 때문에 가능한 한 실내에 가까운 기후환경을 유지하는 것이 좋았다. 이를 위해 겨울에 바람을 막아줄 'ㅁ'자형이 안채의 표준 공간유형이 되었다. 'ㅁ'자형은 각 실들 사이의 동선을 효율적으로 짜는 데에도 유리해서, 복잡하고 정신없는 집안일이 잘 돌아가도록 도왔다. 우회하는 불편이 다소 있는 대신 동선끼리의 충돌은 피하기에 유리한 공간구도이기 때문이다.

추사고택 안채를 보자.^{사진 60} 대청 앞쪽 끄트머리에는 부엌에서 나오는 동선 축이 하나 만들어진다. 한옥 안채의 'ㅁ'자형 공간에서만 형성되는 축이다. 이 축은 안채에서 일어나는 번잡한 살림동선을 정리하는 기능을 갖는다. 또한 안마당의 휴먼 스케일과 함께 작동하여 안채에서 일어나는 풍경작용을 자경으로 만드는 역할을 한다.

덧붙여 여자들의 공간이라는 점도 중요한 요인이었다. 안채의 건축적 특성은 여성 특유의 접촉문화의 산물인 측면이 많다. 여성들은 남성보다 스킨십도 많고 구성인들끼리 더 가깝게 지내려는 성차(性差)를 보인다. 한규설 대감가 안채를 보자.^{사진 61} 창을 열면 집의 다른 부분이 손에 잡힐 듯이 가까이 나타난다. 이런 장면은 안채 특유의 밀착 스케일을 보여주는데 이것은 여성들 사이의 짧은 접촉거리에 대응되는 현상이다. 조선시대처럼 여성의 바깥출입과 활동범위가 제한된 상태에서 집안 여성들끼리의 수다는 중요한 정신적 배출구였을 것이다. 'ㅁ'자형 공간은 이런 성차와 잘 어울리는 공간유형이다.

이러한 이유들로 인해 안채에는 장경보다는 차경적 자경이 더 잘 어

▶ **60** 추사고택 안채
부엌과 건넌방을 잇는 축이 대청 앞에 형성되는데,
이는 폐쇄적 'ㅁ'자형 공간 속에서 일어나는 번잡한 안살림을 정리하는 기능을 갖는다.

142

61 한규설 대감가 안채

한옥의 안채에서는 채와 채 사이의 거리가 사랑채보다 가깝게 형성되는 것이 보통이다.
이는 안채가 여성들의 공간이라는 점에서 기인한다.

울렸다. 장경의 유교 형식미와 사회미가 안채 구성원들에게는 버거웠을 수 있다. 주체 중심으로 풍경을 정의하고 주변환경에 질서를 세우는 일이 안채 구성원들에게는 허용이 안 됐다. 많은 인원이 복작거리며 음식을 만들고 집안일이 정신없이 돌아가는 상황에서 현실적으로도 장경 감상은 어울리지 않았다. 그보다는 자잘한 풍경요소들이 손에 잡힐 듯한 범위 내에 친절하게 머물며 다정하게 웃어주는 차경적 자경이 적합했다.

건물의 구성도 이에 맞게 나타났다. 안채의 기능적 요구에 따라 여러 실들이 급하게 다닥다닥 붙다보니까 풍경작용은 자연스럽게 차경적 자경이 일어났다. 마당 크기나 스케일도 이에 맞춰졌다. 안채의 안마당은 사랑채 앞에 낸 행랑마당보다 작은 것이 통례이다. 간혹 비슷한 크기인 경우도 있지만 안마당은 'ㅁ'자로 둘러싸여 있어서 폐쇄성이 높기 때문에 더 작게 느껴진다. 안채의 풍경작용에 마당이 들어간다 해도 사랑채에서처럼 이격기능을 하지 못하기 때문에 장경의 조건을 만족시키지 못한 채 차경적 자경에 머물기가 쉽다. 통상적으로 얘기하는 '안채의 아늑함'에 다름 아니다.사진 57, 59, 62

대청마루 안쪽 입면을 자경요소로 삼을 때에도 사랑채와 안채에 차이가 난다. 시선을 대청 안쪽에 국한시켜 풍경요소에 마당이 안 들어갈 경우에는 사랑채와 안채 모두 자경이 일어난다. 자경은 집의 일부분이 풍경요소가 되는 현상이기 때문에 이런 경우에는 건축요소들끼리의 어울림이 심미성의 기초를 이룬다. 어울림의 근거는 문양종합이다. 창살문양이 풍경요소의 주축을 이루고 기둥과 보의 구성분할이 가세해서 문양종합을 만든다. 이러한 문양종합은 사랑채와 안채에서 역할이 다르다. 사랑채에서는 질서유지가, 안채에서는 장식작용이 각각 중요한 역할이다.

사랑채에서는 집안의 중심공간이라는 위상에 걸맞게 자경의 문양종합이 유교 형식미라는 사회미의 한 형식으로 나타난다. 복잡한 사회현실을 정리하는 상징성을 문양요소가 가짐으로써 결과적으로 공간의 주인인 가장에게도 그에 합당한 능력과 기능을 부여한다는 뜻이 담긴다. 사진 49, 52 이 기능은 사랑채에서 일어나는 세 번째 풍경작용이다.

앞에서 사랑채에서 일어나는 두 가지 풍경작용인 장경과 차경에 대해 설명한 바 있다. 장경은 사랑채의 주인이 가장으로서 집안 전체의 중심을 잡고자 하는 경우에, 반면 차경은 가장이 아닌 한 개인으로 호젓하게 쉬고 싶은 경우에 각각 해당되는 풍경작용이라고 소개한 바 있다.

자경은 여기에 질서유지라는 또 하나의 기능을 더한다. 문양종합을 통해서이다. 이 기능은 사회적 스케일로 보았을 때 가장 큰 범위에 속한다. 차경이 사랑채 주인의 개인적 심리작용이고 장경이 집안 전체에서의 중심삼기라면, 자경은 유교문명 전체 차원에서 문양종합을 통해 질서를 유지하는 사회 보편적 기능에 해당된다. 문양종합을 통해 유교의 통치이상을 몸소 자기 집에 구현한 것으로 볼 수 있다. 자경이 가세함으로써 사랑채에서는 차경·장경·자경의 세 가지 기본적 풍경작용이 종합세트로 일어난다. 자경의 질서유지 기능이 가세함으로써 사랑채는 한옥에 요구되는 세 가지 건축사회적 기능을 만족시키게 된다.

반면 안채에서 대청 안쪽의 자경작용은 장식기능에 가깝다. 안채에서도 자경작용은 물론 문양종합으로 나타나는데 그 기능이 질서유지보다는 장식에 가깝다는 의미이다. 이는 실제현상보다는 해석적 측면에서 그렇다. 실제로 안채 대청의 안쪽 입면이 사랑채보다 좀더 장식적인 현상이 일부 관찰되기도 한다. 그러나 공식화할 만큼 두드러지거

62 향단 안채

안채의 '口'자형 구조는 어머니의 치마폭 같은 아늑함을 만들어낸다.
자경작용은 이런 분위기에 제격인 풍경작용이다. 안채에서 보는 자경은
어머니 품에 안겨 어머니가 입고 있는 한복을 보는 것 같은 느낌을 준다.

63 관가정 안채

사진 52와 같은 건축형식이나 그 목적은 다르다. 이런 종류의 자경은
사랑채에서는 질서유지의 기능을 갖지만, 안채에서 장식기능을 한다.

나 전형적이지는 않다.^{사진 63} 위에서 설명한 안채의 일반론적 의미와 기능적 측면 등을 고려했을 때 문양종합은 여성다움의 구성요소인 장식기능에 대응시키는 것이 더 정확하다. 혹은 여성 특유의 수다성 어울림에 대응되는 것일 수도 있다. 사회적으로 차별당하고 물리적으로 폐쇄당한 힘든 상황을 위로하고 참아내기 위한 기능이라는 의미이다.

풍경의 겹침

중첩   공간이 개입해서 액자를 겹치다

족자   창 스스로 풍경이 되다

거울작용   창과 풍경이 하나 되다

중첩
공간이 개입해서 액자를 겹치다

차경에서 복합 액자작용으로

차경작용인 장경과 자경은 풍경작용이 단 겹으로 일어난 현상이었다. 하나의 액자가 단독으로 풍경을 만들어낸다는 뜻이다. 다음 단계는 복 겹, 즉 복합적으로 일어나는 경우이다. 복합작용을 만들어내는 기준은 액자와 풍경으로 나눌 수 있는데 액자가 큰 부분을 차지한다. 복합작용의 일차적 기준은 액자의 개수가 늘어난다는 것이다. 한 번에 여러 개의 창을 통해 풍경을 감상하게 된다는 의미이다. 풍경작용이 다양해지는 분기점이다. 풍경장면이 동시에 여러 개 만들어지면서 이 것들이 협력하는 방식에 따라 여러 종류의 풍경작용이 나타나는데 크게 세 방향으로 나눌 수 있다.

첫째, 복합작용이 앞뒤로 일어나는 경우이다. 여러 개의 창이 하나의 축 위에 앞뒤로 늘어서는 구성이다. 이런 조건을 만들어내는 상황은 여러 가지가 있을 수 있는데 '중첩'이 이것들을 포괄하는 개념이다. 여기에서 족자·액자 속 액자·거울작용·소품화 등의 복합 풍경작용이 파생한다. 이런 작용들은 모두 액자와 풍경요소가 일렬로 늘어서면서 앞뒤로 중첩된 경우들이다. 중간에 공간을 끼고 앞뒤로 액자가 나는 경우가 대표적인 조건이다. 방의 앞뒤로 창이 나는 곳이면 이 조건을 만족시킨다. 대청 뒷마당에서 뒷면 창을 통해서 보는 경우도 마찬가지이다. 창덕궁 연경당 안채를 보자.^{사진 64} 시선이 이쪽 액자를 통해 공간을 종 방향으로 관통해서 저쪽 액자로 빠져 나간다. 일소점 투시도 작용에 의해 꼬챙이에 산적이 꿰이듯 액자·공간 켜·풍경요소 등이 중첩된다.

둘째, 여러 개의 창이 옆으로 늘어서면서 복합작용이 일어나는 경우이다. 이때 액자는 잘게 나뉘지만 각 액자는 온전한 형태를 유지한다. 이런 여러 개의 액자들이 한눈에 다 들어오면서 횡 방향으로 병풍작용·콜라주·소품화 등의 풍경작용이 일어난다. 장소로는 대청이 대표적이다.^{사진 65} 한 공간 안에 액자가 여럿이고, 이것들이 한눈에 다 들어와야 한다. 방이 길어서 한 면에 여러 개의 창을 갖는 경우도 유사한 조건으로 볼 수 있다.

셋째, 분산적으로 일어나는 경우이다. 위의 두 경우가 x-y축 구도에서 각각 한 방향으로 복합작용이 일어난 것인데 반해, 이 경우는 이런 축 구도 없이 사선 방향으로 일어난다. 혹은 축 구도를 따르더라도 액자나 풍경요소가 너무 잘게 나뉘거나 파편처럼 조각나는 경우도 여기에 해당된다.^{사진 66} x축과 y축 양방향으로 복합작용이 동시에 일어날 수도 있다. 몽타주·콜라주·바로크·소품화 등이 대표적이다. 복합 풍경작용의 꽃이자 한옥 건축미의 정수이다. 한옥의 가변성과 항변에 해당되는 풍경작용들이다.

▶ **64** 창덕궁 연경당 안채
중간에 방을 끼고 두 겹의 액자가 짜이면서 공간 켜가 여럿 중첩된다. 방의 앞뒷면이 모두 외기를 직접 마주하는 한옥만의 독특한 구성에서 나올 수 있는 특징적 풍경장면이다.

65 충효당 사랑채

대청 뒷면에 난 창 두 개를 통해 앞을 바라본 모습이다. 각 창이 만드는 풍경과
뒷면 벽체의 구성분할이 합해져 연작, 즉 병풍계열의 풍경작용이 일어난다.

66 김동수 고택 사랑채

십자축 구도는 유지하지만 대청 · 방문 · 옆방 창 등 여러 액자가 겹치면서
분산적 풍경작용인 콜라주와 바로크가 일어난다.

중첩은 액자와 풍경요소가 앞뒤로 이어지며 나타나는 풍경작용을 총괄하는 개념이다. 풍경요소는 하나로 고정되어 있고 이것을 여러 개의 액자가 앞뒤로 거리차이를 가지며 겹쳐서 담아내는 경우를 말한다. 중첩은 엄밀히 말하면 풍경작용을 지칭하는 개념이기보다는 풍경작용 가운데 복합현상을 만들어내는 조건을 총칭하는 개념에 가깝다. 중첩은 비단 풍경작용에만 국한된 개념은 아니다. 상위차원에서 한옥을 대표하는 건축적 특징 가운데 하나이다. 공간중첩 · 매스중첩 · 문양중첩 등 여러 가지가 있는데 풍경중첩도 그 중 하나이다.

장경중첩에서 '중첩의 꽃' 두 겹 중첩까지

풍경작용에서 중첩의 초보단계는 장경의 일환인 장경중첩이다. 이것은 중첩이 한 번, 즉 단 겹으로 일어나는 경우이다. 장경은 기본적으로 중첩이 될 조건을 기본적으로 갖는데, 추가 복합작용 없이 이것만으로 중첩이 일어나는 경우를 장경중첩이라 한다. 장경의 두 가지 형성조건 가운데 하나인 '거리'가 액자와 풍경요소 사이에 공간 켜를 만들 때 중첩이 일어난다.^{사진 67} 액자가 솟을대문 가운데 공간 켜를 갖는 경우 이런 작용을 돕는다. 이런 상황은 기본적으로 공간중첩인데 풍경작용에 대한 명확한 의지가 개입되면 풍경중첩이 된다. 장경중첩이 일어나는 제일 흔한 경우는 방 안에서 창을 통해 밖을 볼 때이다. 액자는

▶ **67** 주일재
장경작용의 대표적인 장면인데 액자와 풍경요소 사이에 있는 마당을 통해
중첩이 일어난다. 마당 때문에 액자와 풍경요소 사이에 분리가 일어난다.
최종장면은 분리된 두 요소가 겹쳐진 것으로 읽힌다. 초보적인 단 겹 중첩이다.

아직 하나이며 액자와 풍경요소 사이에 거리가 멀 때에 한해서 중첩이 일어난다. 거리가 공간 켜로 읽히면서 중첩작용을 일으킨다.

자경에서도 중첩이 일어날 수 있다. 액자 속에 자경요소가 꽉 차고 둘 사이에 건축적 유사성이 강할 때이다. 이 경우 마치 두 장의 그림을 겹쳐놓은 것처럼 보이게 되면서 중첩이 일어난다. 유사성이 나타나는 경우는 둘로 나누어 생각할 수 있다. 풍경요소가 집의 전체적 모습일 때에는 액자가 창 문살보다는 문일 때 유사성이 더 커진다. 창 문살은 실내요소의 성격이 강해서 집의 외관과는 차이가 느껴지기 때문이다. 반면 외부요소인 솟을대문·안대문·중문 등은 집의 외관과 유사성을 가지며 자경중첩을 만들어내기에 적합하다.

솟을대문에 바짝 접근해서 안을 보면 화면 전체를 문짝이 꽉 채우면서 문과 문 속 채가 겹쳐진다. 좀 떨어져 볼 때에는 솟을대문 전체가 액자가 되면서 액자에 솟을대문의 지붕도 포함된다. 이때 문 속 풍경요소인 사랑채에도 비슷한 지붕이 있게 된다. 거울작용의 시작점이기도 한데, 대부분의 경우 액자와 풍경요소가 두 장의 닮은 그림을 겹쳐 놓은 것으로 읽힌다. 둘의 유사성이 더 강해질 경우 중첩을 넘어 거울작용으로까지 발전한다.

그런데 액자와 풍경이 꼭 시각적으로 똑같은 요소를 공유해야만 유사성이 나타나는 것은 아니다. 위의 경우로 보면 반드시 지붕의 윗면, 즉 기와가 중간매개가 될 필요는 없다. 서까래만으로도 유사성은 충분히 나타난다.사진 68 또 다른 경우로 방 안에서 대청을 가로질러 건너편

◀ **68** 창덕궁 낙선재 솟을대문
마당이 분리작용을 일으키고 액자가 사찰의 천왕문처럼 공간 켜를 가지면서 중첩 조건을 만족시킨다. 액자의 서까래와 풍경요소의 지붕이 유사성을 보인다.

방을 보는 장면도 이에 해당된다. 이쪽 방의 문이 액자가 되고 건너편 방의 창살문양이 풍경요소가 되면서 둘 사이에 유사성이 확보되기 때문이다.

풍경중첩의 꽃은 두 겹 중첩이다. 방 밖에서 방을 통해 건너편을 볼 때가 제일 전형적인 경우이다.사진 64 두 겹 중첩은 한옥 특유의 구성에서 기인한다. 꺾임이 많고 두 면 이상 외기(外氣)와 마주하는 방이 많다는 두 가지 특징이 요점이다. 한옥을 이렇게 지은 이유는 여러 가지로 생각할 수 있겠으나, 중첩을 만들어내기 위한 목적도 중요한 이유로 가정할 수 있다. 왜냐하면 중첩이란 개념이 건축에 국한된 것이 아니라 문화·사상·세계관·자연관 등 한국의 민족성 전반을 이루는 특징이기 때문이다.

예컨대 한국인들은 '못 합니다' 라고 단정적으로 말하는 대신 '못 할 것 같습니다' 라고 에둘러 표현하곤 한다. 또 세시(歲時)에서는 한 계절에서 다음 계절로 넘어가는 중간에 중첩기를 넣어두기도 했다. 낮은 산들이 끊임없이 겹쳐진 자연환경이 아마 한국인들의 마음속에 중첩을 중요한 세계관으로 심어놓았을 것이다. 장르를 초월한 보편적 개념은 의식적·무의식적으로 문화활동의 세부적 장르에 스며들게 된다. 옛 선인들은 집을 지을 때에도 어떤 식으로든지 건축적 형식을 통해 중첩을 구현하고 싶었을 것이다. 혹은 무의식적으로 집을 그런 방향으로 지었을 수도 있다.

중첩의 개념을 건축적으로 구현하는 대표적 방법은 집에 꺾임을 많이 주는 것과 방의 두 면 이상을 외기와 마주하게 하는 것이다. 이 둘은 건축적으로 볼 때 같은 얘기이다. 꺾임의 느낌을 최대로 살리기 위해 각 채를 독립건물로 남겨두었으며 이에 따라 채의 폭이 방 하나만으로

채워지게 되었다. 편복도로도 모자라 방이 복도까지 겸한다. 문만 열면 바로 방 밖 외기인데 이런 구성이 채, 즉 방의 앞뒤에서 동시에 일어난다.

중첩은 이런 특이한 구성의 산물이다. 이때 외기는 완전 외부공간일 수도 있고 대청일 수도 있다. 가장 대표적인 경우가 방 앞뒤로 완전히 외부공간과 마주하는 구성이다. 행랑채·사랑채·안채 등 주요 채의 방들은 이 형식으로 이루어지는 경우가 제일 많다. 외기와 마주한 모든 벽에 창이 나는 것은 아니지만 앞뒤로 외기와 마주하는 경우에는 두 벽 모두에 창이 나는 것이 통례이다. 이때 두 창 모두를 열고 한쪽 밖에서 방 안을 들여다보면 참으로 아름다운 풍경작용이 일어난다.사진 69 한옥에서 제일 흔하게 볼 수 있는 풍경작용인 동시에 제일 아름다운 풍경작용 가운데 하나이기도 하다.

아름다움의 비밀은 중첩에 있다. 내가 서 있는 쪽에 창이 하나 나고 그 속에 방이라는 공간 켜가 하나 있으며 반대편 벽에 창이 하나 더 난다. 이것으로 끝이 아니다. 반대편 창밖에 풍경이 하나 더 있다. 이것들이 차례차례 이어지면서 중첩을 이룬다. 창 두 개를 모두 열고 한쪽에 서서 들여다보면 내 앞에 액자가 하나 있고 그 속에 방의 공간이 중첩작용을 일으킨다. 방의 끝에 액자가 하나 더 나면서 두 개의 액자가 중첩된다. 그 속에 마지막으로 풍경이 담긴다. 공간중첩이 풍경중첩으로 형식화되는 순간이다.

앞에서 언급한대로 중첩작용은 중첩이라는 개념이 의식적·무의식적으로 주거양식에 반영된 것으로 볼 수 있다. 모호함과 상대성을 좋아하는 경향, 사전계획보다는 상황에 닥쳐서 임기응변으로 대응하는 방식 등이 한국 민족의 대표적 특징이다. 이것을 공간에 적용하면 안

69 | 오죽헌

풍경중첩의 꽃인 두 겹 중첩이다. 한옥에서 흔하게 볼 수 있는
풍경장면인 동시에 한옥을 대표하는 아름다운 장면 가운데 하나이기도 하다.

과 밖, 혹은 이쪽과 저쪽을 명확하게 이분법으로 가르지 않고 중간 켜를 넣어 복층화시키는 경향이 된다. 이때 중간에 끼어든 중간 켜가 중첩을 일으키는 요체이다.

중첩은 불이사상을 공간적으로 해석한 내용이기도 하다. 현대철학에서 말하는 탈경계와 유사한 개념인데, 명확한 편가름을 이루는 경계를 허물어 교통을 행하겠다는 생각이다. 이 과정에서 중간영역이 생겨나는데 이것이 중첩이다. 실내도 아니고 실외도 아닌 대청을 건축에서는 흔히 '전이공간'이라고도 부른다. 이는 중첩을 공간의 관점에서 대표하는 예이다. 풍경에서 중첩은 액자와 풍경요소 사이를 이분법으로 가르지 않고 둘을 연속적인 흐름으로 파악하려는 입장이다. 곧 풍경을 시각적 감상의 대상으로만 보는 것이 아니라 공간을 갖는 실체적 존재로 파악함으로써 그 속에 사람이 들어가서 체험할 수 있는 대상으로 정의한다는 의미이다.

족자

창 스스로 풍경이 되다

풍경에 취해 풍경이 되어버린 창

창과 문은 액자만 만들지 않는다. 스스로 풍경요소가 되기도 한다. 창이 특히 그렇다. 미닫이창이 완전히 닫히지 않았을 때가 대표적이다. 문짝이 창틀 안쪽으로 밀고 들어와 풍경을 가릴 경우 이 부분을 액자로 볼지 풍경요소로 볼지의 문제가 생긴다. 열쇠는 창호지가 쥐고 있다. 창호지가 빛을 받아 반투명 막이 되어 창살문양이 드러나면, 창은 액자로만 머물지 못하고 그 자체가 풍경요소가 된다. 마치 두 장의 풍경을 겹쳐놓은 것처럼 보인다.

창이 밀고 들어오는 현상은 양쪽에서 두 짝이 같이 들어오는 경우와 한 쪽만 들어오는 경우로 나누어 생각할 수 있다. 두 경우 모두 풍경요소의 일정 면적 이상을 창이 가리면, 창 스스로 풍경이 된다. 풍경요소의 독점력이 떨어지면서 창과의 공존 의존도가 높아진다. 일정 면적이 어느 정도라고 단정 짓기는 어렵지만 삼분의 일 정도를 분기점으로 생각할 수 있다. 닫힌 부분의 면적이 절반을 넘어서면 창은 확실하게 스스로 풍경이 된다. 관가정 사랑채를 보자.^{사진 70} 액자의 오른쪽 절반을 창살문양이 채우고 있다. 단순히 창이나 장식문양으로만 보기에는 아까울 정도로 일정한 풍경다움을 갖고 있다.

창이 밀고 들어오는 정도와 방향에 따라 풍경작용의 분위기는 달라진다. 그 정도가 충분하지 않을 때에는 양쪽으로 분산되는 것보다 한쪽으로 몰아주는 편이 낫다. 한쪽은 닫아놓고 다른 한쪽만 여는 경우이다. 이때에는 창 스스로 풍경이 되는 장면이 하나만 만들어지기 때문에, 창과 바깥 풍경요소 사이에 일대일 대응이 일어난다. 바깥 풍경요소가 자연물일 때에는 언뜻 인공요소인 창과 대립이 일어나는 것처럼 보이지만, 반대로 한옥 특유의 어울림이 그만큼 강하게 나타난다. 대립되는 것처럼 보이는 큰 장면 두 개가 어울리기 때문이다.

창이 밀고 들어오는 정도가 충분하지 않은데 양쪽으로 분산되면 창은 풍경이 되기 힘들다. 창살문양은 액자틀이 조금 커지거나 장식을 조금 넣은 정도로 읽힌다. 창이 양쪽에서 닫히면서 닫히는 정도가 양쪽을 합해 절반이 넘으면 창 스스로 풍경이 된다. 이 경우 한쪽 창만 닫히면서 만드는 풍경과는 분위기가 많이 다르다. 한쪽만 닫힐 경우 두 개의 큰 장면이 병렬되기 때문에 바깥 풍경요소는 실제 크기와 상관없이 시원시원하게 보인다.사진 70 그러나 창이 양쪽에서 협공해 들어오면 바깥 풍경요소는 큰 틀 속에 갇힌 느낌이 강하게 든다.사진 71 이때 창이 스스로 풍경이 되면 결과적으로 '풍경 속 풍경'으로 발전한다. 이 주제에 대해서는 아래에서 다시 살펴볼 것이다.

'창 스스로 풍경이 되다'는 창이 풍경을 재단하다가 풍경에 취해버

▶ **70** 관가정 사랑채
햇빛을 받아 반투명으로 빛나는 창호지 문양을 어떻게 해석하느냐는 중요한 문제이다.
이 경우에는 일정한 풍경다움을 갖고 있기 때문에 풍경의 한 요소로 봐야 한다.

71 정여창 고택 사랑채

문짝 둘이 가운데로 밀고 들어오면 양옆 풍경이 동시에 한정되면서
액자의 틀 짜기 기능이 두드러진다. 즐김보다는 일정한 형식이 필요할 때 적절한 장면이다.

려 스스로 풍경이 되어버린 형국이다. 창 스스로가 하나의 풍경요소, 즉 인공적 풍경요소가 된 것이다. 여기에는 창살문양과 창호지의 역할이 절대적이다. 창살문양은 창을 풍경요소로 둔갑시키는 일차적 역할을 한다. 문양 자체가 강한 조형형식을 띠면서 액자 이상의 기능을 하기 때문이다. 액자의 기능은 틀 짜기를 통한 풍경장면의 정리가 기본인데, 이것을 넘어서 풍경요소의 기능인 조형형식을 가지게 된다는 말이다.

창호지로 창살문양에 감성을 싣다

창살문양 자체가 창을 풍경요소로 만들지는 않는다. 창살문양은 주역의 궤를 건축형식으로 기호화한 장식요소인데, 자연을 인공질서로 정리하려는 유교 형식미가 주요기능이다. 닫혀 있으면 창살문양의 기능은 전적으로 이 상태에 머문다. 흰 회벽의 분할구성을 어울림의 짝으로 삼아 유교 형식미를 강화한다. 열려 있더라도 크게 달라지지 않는다. 분산적이 되어 집중도가 떨어지는 정도의 차이만 있을 뿐이다.

창살문양이 풍경요소가 되기 위해서는 풍경의 정리 같은 형식미를 발동하는 주체에서 벗어나 감상의 대상으로 변모해야 한다. 감상의 대상이 된다는 것은 창 혹은 창살문양이 하나의 보기 좋은 장면이 되어야 한다는 말이다. 이를 위해서는 마음에 감흥을 일으키는 감성작용이 창살문양에 실려야 한다. 이것을 돕는 것이 창호지이다. 창호지는 중성적 건축형식인 창살문양에 온기를 실어 심미요소로 둔갑시킨다. 이런 도움 덕에 창살문양은 풍경요소가 될 수 있다. 나상열 가옥 사랑채를 보자.사진 72 이 장면의 주인공은 단연 창호지이다. 창호지는 햇빛을 시각 요소로 만들어 창 스스로 풍경작용을 하도록 돕는다.

창호지는 반투명이기 때문에 빛을 받으면 창살문양의 인공 조형성을 잘 드러낸다. 불투명하면 벽의 연장으로 읽힐 뿐 풍경요소로 제 모습을 드러내지 못한다. 풍경이 되기에는 부족하다. 반대로 유리처럼 투명하면 바깥 풍경요소 위에 셀로판지를 붙여 놓은 것처럼 보일 뿐 조형형식을 갖추지 못한다. 창살문양은 바깥 풍경요소 위에 묻은 얼룩처럼 느껴진다. 풍경이 되기에는 과하다. 반투명인 상태에서라야 창살문양은 온전히 스스로 풍경이 될 수 있다. 창살문양은 과하지도, 부족하지도 않게 딱 적당한 상태로 제 모습을 드러낸다. 바깥 풍경요소 위에 겹쳐지지 않고 병렬을 이룸으로써 스스로 풍경이 된다.

빛의 종류와 세기 등에 따라 창과 문양의 분위기나 모습이 변하는 것은 창호지의 활약에서 빠뜨릴 수 없는 중요한 요소이다. 창살문양에 감성을 실어 창 스스로 풍경이 될 수 있도록 해준다. 거꾸로 말하면 빛에 의한 창의 변화는 창이 스스로 풍경이 되었을 때 줄 수 있는 구체적 선물 가운데 하나이다.

시간대 · 날씨 · 계절 등이 기준이다. 이른 아침부터 시작해보자. 창살문양의 풍경작용은 먼동을 받으면서 시작된다. 인공 조형형식을 드러내면서 하루의 시작을 알린다. 창살문양은 질서정리를 상징함으로써 인간활동의 의무와 의미를 알린다. 어스름 속에서 창살문양이 드러나는데 그 색조가 하필 청회색이다. 밤의 색 회색에서 빛의 색 청색으로의 전이를 통해 생명을 깨운다. 창은 스스로 풍경이 되면서 생명작용의 잉태를 선물한다.

날이 맑아 대낮에 직사광선을 받으면 창호지는 뽀얀 우윳빛으로 밝게 빛난다. 창과 문양은 자신에 차서 풍경요소가 된다. 창의 인공성은

72 나상열 가옥 사랑채

오른쪽 문에 햇빛이 드리우면서 서정적 분위기를 자아내고 있다.
창호지는 햇빛과 제일 잘 어울리는 재료이다. 창을 하나의 독립적 풍경요소로 만든다.

73 남촌댁 사랑채
창호지가 햇빛을 받아서 뽀얀 우윳빛으로 빛난다. 한옥의 창은 창살문양뿐 아니라
창호지의 색과 분위기까지 풍경요소로 활용한다.

확신을 심어준다. 활기차게 하루일과를 진행할 수 있다. 창이 만들어내는 풍경은 햇빛을 선사하는데 그 방식이 은유적이고 간접적이다. 이른바 '뽀얀 우윳빛'이라는 방식을 통해서이다. 즉 햇빛이 인공 조형형식을 통해 한 번 인공화되었다는 의미인데, 이는 창 스스로 풍경이 되게 하는 일차적 조건이기도 하다. 하회마을 남촌댁 사랑채를 보자.^{사진 73} 뽀얀 우윳빛을 확실하게 보여준다. 햇빛이 건축형식으로 편입하는 순간이며 이를 통해 창은 자신만의 독특한 풍경작용을 만들어낸다.

여기서 그치지 않는다. 그것을 볼 때 일어나는 감성작용이 중요하다. 뽀얀 우윳빛의 의미를 어떻게 해석하느냐의 문제이다. 창호지의 뽀얀 우윳빛을 볼 때면 어릴 적 안기던 어머니 젖무덤이 생각나 견딜 수가 없다. 어머니의 속살 색이다. 이런 색을 만들어내는 맑은 대낮의 햇빛은 일 년 중, 하루 중 생명작용이 가장 활발할 때의 상태이다. 창호지란 결국 생명작용의 시작이자 끝인 햇빛을 모태·모성과 일치시켜 생명작용을 상징해내는 작용을 한다. 창은 스스로 풍경이 되면서 어머니 속살에 대한 상징적 기억을 선물로 준다.

하루일과가 끝날 때쯤 창살문양은 석양의 붉은 색으로 변한다. 휴식을 준비하는 마감과 차분함을 상징한다. 흐린 날의 분위기는 또 다르다. 창호지에 드리우는 중후한 회색은 마음을 침착하게 한 곳에 모을 수 있게 해준다. 창의 풍경작용은 이런 여러 가지 작용을 한다. 창호지가 반투명 재료이기 때문에 가능한 것들이며 창이 스스로 풍경이 되는데 빠져서는 안 되는 요소이다.

한지에 난초 치듯 창에 풍경화를 그리다

이상의 해석은 창에 창호지, 즉 한지를 쓴 이유에 대해 중요한 답을 준다. 한지는 엄밀히 얘기하면 건축재료가 아니다. 내구성이 약하기 때문에 창과 같은 외부마감에는 더욱 어울리지 않는다. 그럼에도 창호지를 쓴 것은 특별한 목적이 있었기 때문으로 봐야 한다. 창에 감성작용을 실어 풍경요소로 만들려는 목적이 큰 부분을 차지했던 것으로 볼 수 있다. 집을 중성적 물리 구조체 이상의 온기를 갖는 감상대상으로 만들려는 목적이었다.^{사진 74} 집 전체를 하나의 큰 그림으로 만들어 집과 감성적으로 교류하려던 목적이었다. 집 스스로 풍경을 그릴 수 있게 만들어 집에 그림을 가득 채우려는 목적이었다. 결국 한옥에 산다는 것은 큰 그림 하나를 생활 속에 이고 사는 셈이었다. 그리고 그 그림은 시시각각 변하면서 다양한 풍경화를 선사했다.

물론 창호지를 쓴 것은 유리산업이 발달하지 못했기 때문이기도 하다. 이것은 산업적 측면에서 보면 후진성으로 볼 수도 있겠다. 사실 창은 건물의 여러 부분 가운데 재료 사용에 제한이 많은 곳이다. 시야와 조도 등을 위해서는 투명성을, 방음·단열·방호 등을 위해서는 내구성을 동시에 가져야 한다. 이 두 조건은 상반되는 것이기 때문에 동시에 만족시키기가 쉽지 않다. 유리는 만족스럽지는 않지만 현실성이 높은 재료임에 틀림없다.

서양건축에서는 유리 자체의 공학적 발전에 초점을 맞춰 두 조건을 동시에 만족시키려 했다. 반면 한국 전통건축에서는 완전히 다른 접근 방식을 택했다. 창을 투명도나 내구성이 아닌 감성작용의 대상으로 보는 발상의 전환을 한 것이다. 투명도와 내구성은 지극히 도구적이고 실

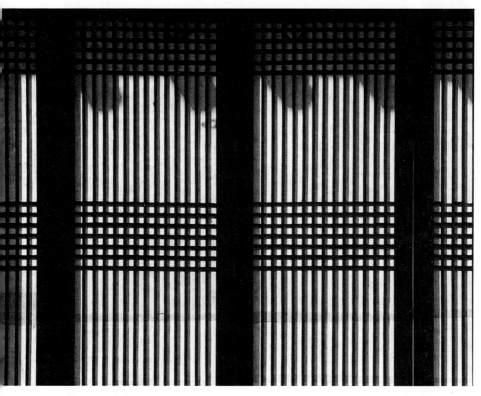

74 수애당 사랑채

창호지에 햇빛이 드리우면서 나타나는 창살문양과 그림자는
그것 자체만으로 하나의 멋진 풍경이다.

75 한규설 대감가 사랑채

창살문양은 수목을 정리정돈하는 상징성을 가지면서
자연과 인공의 어울림을 이끌어낸다.

용적인 개념이다. 집을 기능적으로 파악할 때 추구할 만한 가치들이다. 한국 전통건축에서는 이것을 피했다. 집을 감성작용의 대상으로 본 것이다. 완전히 다른 차원으로 뛰어넘음으로써 기능적 요구가 중요한 고려사항이 되는 상황 자체를 없애 버린 것이다.

한지가 전통 필기도구인 지필묵(紙筆墨) 가운데 하나였다는 사실도 주목할 만하다. 한지는 글씨를 쓰는 필기도구인 동시에, 난초 치고 소나무·대나무 등을 그리는 그림재료이기도 했다. 창호지를 사용해서 풍경작용을 만들어낸 것은 곧 집을 풍경화에 유추하기 위해서가 아니었을까. 옛날 선조들은 정말로 집을 하나의 큰 그림으로 정의했음에 틀림없다. 창 조작을 통해 하루에도 수십 번씩 변하는 다양한 풍경화를 집안 가득 담아놓고 살았다. 창 만드는 건축행위가 붓 놀려 난초 치는 그림 그리기와 동일한 의미를 갖는다니, 진정 풍류의 극치요 예술의 극치라 아니할 수 없다.

다음은 풍경요소의 종류가 중요하다. 수목·꽃·산 같은 자연물이면 차경을 통한 중첩, 즉 차경중첩이 되고 집의 일부분이면 자경을 통한 중첩, 자경중첩이 된다. 창 스스로 풍경이 될 경우 바깥 풍경요소인 이런 대상들과 어울려 더 큰 풍경을 만들어낸다. 창은 인공요소이기 때문에 자연물과 어울릴 경우 자연과 인공의 어울림이라는 동양문명의 큰 특징에 귀속된다.사진 75 이때 창에 나타나는 문양은 자연을 정리한다는 상징성을 갖는다. 정리하되 정복 개념은 아니다.

자연현상은 변화무쌍하고 다양하기 때문에 있는 그대로 받아들여 살아가기 힘들다. 이 때문에 사람들은 자연에 이런저런 정리를 가한다. 문명별로 그 방식이 다른데 동양에서는 어울림을 기본방향으로 삼아 정주(定住)에 필요한 최소한의 정리만을 가한다. 정리에는 깎고 파고 다듬는 등의 물리적 조영도 포함되지만 그 정도는 서양에 비해 매우 낮다. 대신 상징화가 큰 부분을 차지한다. 창살문양도 좋은 예이다. 변화무쌍한 자연현상을 도형 같은 몇 가지 기본요소로 환원한 뒤 이것들 사이의 관계적 법칙으로 자연의 다양성을 상징화한 것이다. 한 마디로 주역적 세계관이다. 창살문양은 주역의 궤를 모델로 삼아 건축형식으로 조형화한 것이다.

집의 일부분과 어울리는 자경중첩에서는 인공성이 극대화된다. 집과 창살문양이 모두 인공요소이기 때문이다. 풍경 전체에 인공질서가 가득 찬다. 윤증고택 사랑채는 대표적인 예이다.^{사진 76} 사회의 위계질서를 상징하는 장면으로 유교 형식미를 드러낸다. 자연을 대하는 입장은 물러나고 사람세계를 향한 인공질서가 주요목적으로 남는다. 유사성이 강한 인공요소들끼리의 어울림이기 때문에 문양종합에서 몽타주에 이르는 제3의 통합으로 나아갈 수도 있다.

'풍경 속 풍경'과 '액자 속 액자'

'창 스스로 풍경이 되다'를 이중 풍경작용, 즉 '풍경 속 풍경'으로 해석할 수도 있다. 자경중첩보다는 차경중첩이 이 경우에 해당된다. 바깥 풍경요소가 자연물이면서 창이 양쪽에서 밀고 들어오는 경우가 대표적인 예다. 맹사성 고택을 보자.^{사진 77} 먼저 창틀 속에 나무나 꽃이 한 그루 자리 잡아 한 폭의 풍경화가 만들어진다. 이것과 별도로 창살

▶ **76** 윤증고택 사랑채
자연요소 없이 인공요소만으로 이루어진 풍경이다. 집을 이루는 많은 건축 구성요소들이 일정한 질서를 유지하면서 겹쳐진다. 사회적 위계질서를 에둘러 상징한다.

77 맹사성 고택

바깥의 차경이 하나의 풍경을 형성하고 이와 별도로 액자가 창살문양을 통해
또 하나의 풍경을 형성한다. 이중 풍경작용, 즉 '풍경 속 풍경' 이다.

문양이 또 하나의 풍경을 형성한다. 바깥 풍경화 하나에 창살문양의 풍경화가 하나 더 생겨 중첩되는 상황이다. 창살문양의 풍경 속에 바깥 풍경화가 들어있는 형국으로 읽힌다. 풍경 속에 또 하나의 풍경이 들어있는 이중 풍경작용, 즉 '풍경 속 풍경'이다.

둘 사이의 유사성이 강한 자경중첩에서는 이런 현상이 약하다. 액자와 바깥풍경이 별도의 풍경으로 읽히기 전에 하나로 합해져 문양종합이나 몽타주로 발전하기가 쉽다. 반면 차경중첩에서는 둘 사이에 유사성이 약하거나 없기 때문에 별도의 풍경이 중첩된 것으로 읽힌다. 바깥 풍경요소와 창은 어울림의 미학보다는 포함관계를 만들어낸다. 액자의 인공풍경이 강하게 드러나면서 그 속에 바깥풍경이 담겨있는 것으로 읽힌다.

창이 두 겹 겹치는 중첩은 '풍경 속 풍경'을 만들기에 좋은 조건이 될 수 있다. 방 밖에서 방 속을 관통해 반대편 창 너머 풍경을 보는 경우와 대청 뒷마당에서 뒤창을 통해 대청을 가로질러 앞마당을 보는 경우이다. 액자가 두 겹이 되기 때문에 풍경 속에 풍경이 담기는 중첩성이 배가된다. 세 겹 중첩, 심지어 네 겹 중첩으로까지 발전하는 수도 있다. '바깥 풍경-바깥 창-방-내 쪽 창'으로 구성요소의 켜와 겹 수가 늘어난다.

이런 상황에서 창이 풍경요소가 되지 못하고 액자에 머물면 '풍경 속 풍경'으로 발전하지 못하고 '액자 속 액자'가 된다. 한옥을 대표하는 장면 가운데 하나인데 창덕궁 연경당 안채, 오죽헌, 운현궁 이노당 등을 예로 들 수 있다.^{사진 64, 69, 78} 겹 수가 많을 때 이런 현상이 나타나기가 쉽다. 햇빛을 받는 바깥 창이 너무 멀리 있어서 창호지 효과가 크게 약화되기 때문이다. 창호지의 활약이 약해지면 창은 풍경요소가

78 운현궁 이노당

창이 너무 여러 겹 겹치면 햇빛을 받는 바깥쪽 창의 창호지 효과가 크게 약화된다.
액자는 스스로 풍경이 되지 못하고 그대로 액자에 머물면서 '액자 속 액자'를 이룬다.

79 충효당 사랑채

대청 뒷문을 통해 앞을 보았을 때 솟을대문이 같은 축 위에 있다.
'대청 뒷문−대청 앞면−솟을대문'의 세 겹 액자가 만들어진다.

되지 못하고 액자에 머물기 쉽다. 설사 풍경요소가 된다고 해도 그 위에 창이 하나 더 겹쳐지면서 바깥 창에 대한 집중도가 약해져 풍경요소가 되는 것을 방해한다.

'액자 속 액자'에서 겹 수가 많아지면 중첩을 넘어서 콜라주와 바로크로 넘어간다. 중첩이 지나쳐 분산성이 나타나기 시작하는 경우가 분기점이다. 이런 상황은 두 가지가 있을 수 있다. 하나는, 공간 켜가 여러 개 겹쳐질 수밖에 없는 곳이다. 한옥의 구조로 볼 때 이런 현상이 잘 발생하는 지점이 따로 있다. 창을 통해 본 바깥풍경에 문이 있어서 그 문이 액자 겹 수를 하나 더 늘리는 경우이다. 대청 뒷마당에서 뒤창을 통해 앞을 볼 때 안대문이나 솟을대문이 있고 그 문 속에 풍경이 하나 더 들어있는 경우가 좋은 예이다.사진 79 안채의 'ㅁ'자형 구도에서 부엌이 같은 축 위에 있을 때 한쪽 부엌 밖에서 문을 통해 반대편 부엌을 보면 네 개의 문이 겹쳐 보이는 경우도 대표적이다.사진 80

다른 하나는, 공간구조는 그렇지 않은데 창을 조작해서 그렇게 만드는 경우이다. 겹창을 겹치게 열 때가 대표적이다. 방 밖에서 방 속을 관통해 반대편 창을 볼 때 창이 겹창이면 이런 조작이 가능하다. 창이 두 개가 있는데 모두 겹창이면 네 장의 창을 겹치게 만들 수 있다.사진 81 미닫이창 두 겹에 여닫이창까지 더한 경우도 있는데 이때에는 이론적으로는 최대 여섯 겹까지 가능하다. 겹 수가 이렇게 많아지면 그것만으로도 일단 '액자 속 액자'는 깨진다. '액자 속 액자'는 어느 정도의 정리된 질서를 기본전제로 갖는데 겹 수가 많아지면 이것을 유지하기가 힘들어진다. 창을 열 때 문짝이 겹쳐지는 양상을 좌우대칭으로 가지런히 한다고 해도, 서로 다른 여러 종류의 창살문양이 중첩되는데다 창틀이 여러 겹 겹치기 때문이다. 좌우 비대칭으로 하면 더 말할 필

80 김동수 고택 안채
이쪽 부엌의 문 두 개와 반대편 부엌의 문 두 개, 총 네 개의 문이 겹쳐진다.
공간 켜가 여러 개 겹치면서 분산성이 나타난다.

81 한규설 대감가 안채

겹창 두 짝이 앞뒤로 중첩되었다. 조작 가능한 창 수는 총 네 개다.
서로 다른 창이 여러 겹 중첩되면 '액자 속 액자'에서 콜라주와 바로크로 넘어간다.

요도 없다. 무작위·임의성·비정형 등 분산을 대표하는 조형질서들이 어지럽게 나타난다. '액자 속 액자' 같은 한 가지 질서로 정리되지 못하고 콜라주와 바로크로 넘어간다.

족자 1: 액자가 독립적 조형세계를 이루다

액자가 별도로 독립적 조형형식을 갖는 경우가 있는데 족자가 그것이다. 스스로 풍경이 된 창살문양을 풍경요소로 보지 않고 계속해서 액자로 볼 수도 있는데 이 경우 족자 개념을 적용할 수 있다. 한국화의 족자에서는 그림 옆에 여백을 두는 것이 보통인데 여기에 별도로 문양을 넣거나 연하게 그림을 그리는 경우가 많다. 액자의 틀을 면적을 갖는 여백으로 키운 뒤 별도의 예술세계를 하나 더 만드는 셈이다. 한옥의 풍경작용에서 족자 개념이 성립되기 위해서는 두 가지 조건이 필요하다. 액자가 일정한 크기와 면적을 가져야 한다는 것과 조형형식이 독립적이어야 한다는 것이다.

앞에서 살펴본 '창 스스로 풍경이 되다'는 족자작용의 출발점이다. 창살문양 자체를 족자의 여백에 넣은 문양으로 볼 수 있기 때문이다. 이를 위해서는 풍경요소가 집의 일부인 자경보다는 자연물인 차경이 더 유리하다. 자경에서는 창살문양과 집의 일부 사이에 변별력이 떨어져서 족자에 해당되는 부분이 독립적 예술세계로 정의되기 힘들다. 창살문양이 풍경요소와 한 몸으로 읽히기 쉽다. 반면 풍경요소가 자연물이면 창살문양의 인공성은 변별력을 확보하면서 족자가 될 수 있다.

창살문양만으로는 족자가 된다고 해도 약할 수 있다. 문양의 종류가 한 가지로 단순할 뿐 아니라, 창호지의 반투명성은 감성적 힘은 강하지만 조형적 독립성은 약할 수 있기 때문이다. 건물골격이 가세하면 확실히 족자가 된다. 관가정 사랑채를 보자.^{사진 82} 건물골격은 풍경요소와 완전히 분리되기 때문에 풍경이 아닌 별도의 조형세계로 읽힌다. 이때 건물골격은 액자가 커지면서 특별한 인공형식을 가한 것으로 볼 수 있다. 족자에 해당되는 상황이다. 창은 건물골격의 일부로 편입되어 하나의 큰 족자를 짜기도 하고 독자적으로 남아 별도의 족자를 형성하기도 한다. 후자의 경우에는 족자가 이중이 되는 셈이다. 혹은 풍경요소로 남아 하나의 족자 속에 이중풍경을 담은 형국을 만들어내기도 한다.

  족자작용이 일어나는데 필요한 기본적인 조건은 둘로 요약할 수 있다. 하나는 족자에 해당되는 부분의 건축적 처리이다. 실내인 경우는 기둥과 보, 서까래와 도리, 회벽과 천장 등 골조가 노출되어야 한다. 이런 건축 부재들이 족자의 문양에 해당되는 독립적인 조형세계를 형성하기 때문이다. 대청과 부엌은 족자작용이 일어나기에 좋은 장소이다. 실내골조 전체가 마감 없이 노출되면서 이 조건을 확실하게 만족시킨다. 대청은 건물의 골조를 이루는 기본 구성요소가 표준적으로 잘 갖추어진 장소이며 대부분 이것들을 노출시킨다.^{사진 83} '집안의 기둥'이니 '대들보가 무너진다'느니 하는 관용어에 나오는 기둥과 대들보는 통상 대청을 보고 만들어진 것이다.

  부엌은 자신만의 독특한 조형세계를 내보인다. 부엌도 대청만큼 골조의 노출이 심한 공간이다. 골조의 종류는 대청과 많이 달라서 부엌

▶ **82** 관가정 사랑채
창살문양은 스스로 풍경요소가 될 수는 있으나 족자가 되기에는 약하다.
대청의 건물골격이 더해지면 비로소 완전한 족자가 될 수 있다.

83 귀촌종택 사랑채
대청의 풍경작용은 풍경요소만으로 이루어지지 않는다.
실내골조가 독립적인 조형세계를 형성하며 족자를 만든다.

만의 독특한 분위기를 만들어낸다. 부뚜막·수납공간·생활소품 등 부엌 특유의 요소들이 더해지기 때문이다.사진 84 이런 요소들은 부엌 공간을 족자로 만드는데 유용한 역할을 한다. 이 때문에 부엌에서 문을 통해 밖을 보는 풍경작용은 나름대로의 독특함이 있다. 방 실내인 경우에는 골조의 노출이 적기 때문에 족자작용에 좀 불리하지만 벽에 기둥과 보가 노출되고 문짝의 창살문양이 가세하면 조건을 만족시킬 수 있다.

실외에서는 솟을대문이 족자의 대표적인 경우이다. 솟을대문은 스스로 하나의 완결된 건축구성을 갖추고 있기 때문에 솟을대문 전체가 시야에 들어오는 경우면 언제라도 족자가 될 만반의 준비를 갖추고 있다. 사진 35~38, 41~45, 55, 68 안대문이나 중문은 이보다 못하지만 여전히 족자가 되기에 충분한 조형형식을 갖추고 있다.사진 85 안대문은 보통 안행랑채와 한 몸으로 이루어지기 때문에 일정한 면적을 갖는 공간 켜를 수반한다. 사찰의 천왕문과 유사한 구성이다. 이런 구성은 족자를 만들기에 좋은 조건이다. 건축처리를 가할 바탕 면을 충분히 만들어주고 형식성도 강화해주기 때문이다.

족자작용에 필요한 다른 하나의 조건은 거리와 각도이다. 독립적 조형세계가 눈에 들어오고 시각작용의 대상이 되기 위해서는 관찰자가 뒤로 물러앉아 액자와의 사이에 일정한 거리를 확보해야 한다. 액자가 2차원 면에서 3차원 공간으로 두꺼워져야 하기 때문이다. 집 안에 한 지점을 잡아 앞으로 뒤로 왔다갔다 하면서 거리를 조절하면 액자가 변하게 된다. 방 안쪽에서 바깥쪽으로 자리를 옮기면 액자는 '천장 골조-지붕 처마-처마 끝 서까래의 자글자글한 문양' 순으로 변한다. 거리에 따라 액자에 수반되는 이런 다양함이 족자작용의 토대가 된다.사진 31, 51

84 송소고택 안채

부뚜막 · 수납공간 등 부엌 특유의 건축골격이 족자를 형성하고 있다.
차별화된 건축골격은 대청과는 다른 부엌만의 독특한 분위기를 자아낸다.

85 김동수 고택 안대문

천왕문과 유사한 구조를 갖는 안대문은 별도의 개별건물 형식을 이룬다.
이는 일정한 면적의 공간 켜를 수반하기 때문에 족자가 될 확률이 높다.

족자 2: 풍경과 조화롭게 어울리다

족자작용은 건축에서는 당연하게 일어나는 현상이다. 실내에서 창과 일정한 거리를 유지하며 바깥경치를 내다보면 족자작용이 일어나는 기초적 조건은 갖춘 셈이다. 이렇게만 하면 모든 집에서 족자작용이 일어난다.

그러나 한옥에서의 족자작용은 당연히 일어나는 것이 아니라 훨씬 의도적이다. 풍경작용이라는 큰 의도의 일환으로 움직이는 것이 그렇고, 족자에 해당되는 부분을 대부분 노출시켜 바깥풍경과 어울리게 한 것이 그렇다. 실제로 대부분의 한옥이 한 채 내의 수많은 지점에서 족자작용이 일어난다. 특별한 의도가 없었다면 이렇게 되기가 불가능했을 것이다.

그렇다면 그 특별한 의도는 무엇일까. 한 마디로 바깥풍경과의 조화로운 어울림을 위해서이다. 족자에 해당되는 면적만 확보된다고 족자작용이 일어나는 것은 아니다. 이 부분이 독립적 조형세계를 이루어야 하며 바깥의 풍경요소와도 일정 정도 어울려야 한다. 집과 풍경, 사람과 자연, 안과 밖 등 흔히 이항대립으로 인식되고 있는 관계들 사이에서 조화로운 어울림을 얻어내기 위해 족자작용이 일어나게 했다는 뜻이다.

이런 어울림은 족자와 바깥풍경 사이의 조화를 바탕으로 한다. 한국화에서 족자의 역할이 단순히 그림을 물리적 틀로 보조하는 데 있지 않고, 그림과 일정한 심미적·예술적 어울림을 얻어내는 데 있는 것과 같은 이치이다. 풍경요소가 수목과 꽃일 경우 그것이 족자의 인공구조와 어울릴 수 있는 근거는 동양정신을 대표하는 자연성 혹은 자연 친화성이다. 동양정신은 자연과 인공을 대립 개념이 아닌 조화 개념으로 본다. 이 경우도 족자의 종류에 따라 문과 문 외의 건물골조, 둘로 나누어 생각할 수 있다.

문일 경우 창살문양을 통해 자연과의 조화를 꾀한다.^{사진 17, 21, 71} 창살문양은 주역의 궤를 상징하는데, 주역의 궤란 것이 본래 자연현상을 인공요소로 법칙화한 것이다. 따라서 창살문양은 강한 규칙성에도 불구하고 자연과 소통하려는 입장을 기본배경으로 갖는다. 소통은 곧 어울리고 싶어하는 의지의 표현이다. 창살문양은 이런 해석의 차원은 물론 시각적으로도 자연풍경과 잘 어울린다. 활짝 열어젖힌 문 한 장, 혹은 반쯤 열어 창살문양을 걸쳐놓은 모습은 수목과 꽃 같은 자연풍경과 잘 어울린다. 소쇄원 광풍각은 문을 완전히 개방해서 주변의 자연과 건물이 일체가 된 경우이다.^{사진 86} 이런 장면은 족자에 수묵 풍경화 한 장 걸어놓은 장면을 연상시킨다. 한국의 전통 유교문화를 상징하는 대표적 도상이다.

다음으로 건물골조의 경우 목조 가구식 구조가 만들어내는 골조의 미학으로 자연과 어울림을 꾀한다. 이 부분이 자연과 어울릴 수 있는 근거는 노출 미학이 갖는 순수성 때문이다.^{사진 87} 족자를 형성하는 건물골조가 친자연적인 것은 다음의 세 가지 사실에서 기인한다. 첫째, 가구식 구조 자체가 일단 지구 중력 아래에서 나무가 가지를 내며 서 있는 모습을 형상화·형식화 한 것이다. 자연을 원리와 현상 양 측면 모두에서 닮고 싶어한다는 뜻이다. 둘째, 한국 전통건축은 건물의 구조방식을 가리지 않고 골조를 그대로 노출시킨다. 이것은 자연을 닮은 구체적 결과를 그대로 드러내 보임으로써 친자연 의지를 강조하는 것으로 해석할 수 있다. 셋째, 노출시킬 뿐 아니라 한옥에서는 공포·장

87 오죽헌

한옥은 공포 · 장식 · 단청 등을 쓰지 않는 절제미를 보여준다.
이 같은 순수주의는 자연의 교훈인 동시에 한옥이 자연과 어울릴 수 있는 근거가 된다.

◀ **86** 소쇄원 광풍각

액자를 이루는 창은 여러 단계를 거치며 풍경요소인 자연과 어울리는데,
여기에서는 골조만을 남겨 자연요소를 가장 적극적으로 활용하고 있다.

88 운조루 사랑채
액자인 창살문양과 건물골조, 풍경요소인 지붕과 회벽 등이 모두 한옥의 건축
구성요소이다. 액자와 풍경요소가 동일한 예술적 모티프를 공유하면서 서로 조화를 이룬다.

식·단청 등을 쓰지 않는 순수주의를 견지한다. 이것은 자연의 교훈을 도덕적으로 해석해서 받아들인 결과이다. 친자연 의지를 도덕적으로 완결시켰다는 뜻이다.

풍경요소가 집의 일부분 같은 인공물이면 조화로운 어울림은 더 직접적이고 명확하게 나타난다. 자경작용에 수반되는 현상들 대부분이 이 경우에 해당된다. 자경작용에 족자 개념을 더하면 된다. 이때 어울림의 근거는 예술적 통일성이다. 운조루 사랑채를 보자.^{사진 88} 족자를 이루는 창살문양과 건물골조가 풍경요소인 집의 일부분과 동일한 건축적 모티브를 갖는다. 족자와 풍경요소는 공통요소인 기본 모티브를 각자의 상황에 따라 조금씩 다르게 구사한다. 주제와 변주의 개념인데, 동일한 주제를 기본요소로 하여 일정한 변환을 가한 변주형식으로 디자인한다는 뜻이다. 족자와 풍경요소는 이런 큰 심미적 개념 아래 문양종합·문양 다층화·추상분할·분할구성 등 다양한 조형성을 매개로 서로 조화를 이룬다.

족자 3: 문서화(文書畵) 작용으로 마음을 어루만지다

족자작용을 통해 문서화를 이룰 수 있다. 문서화는 한국 전통문화의 정신세계를 이루는 기본매개이다. '문'(文)이란 세상의 이치를 인간의 생각으로 정리해서 형식화한 체계이다. 족자작용에서는 창살문양·기둥·보·서까래 등 액자의 인공형식이 갖는 정리기능이 여기에 해당된다. '서'(書)란 자신의 생각과 의사를 표현하고 소통하는 수단이다. 족자작용에서는 풍경과 하나 되는 쌍방향 교류방식이 여기에 해당된다. 글씨와 같은 도구적·기능적 형식보다는 주변에 대해 열린 마음으로 소통하려는 심리적 형식에 해당된다. '화'(畫)란 감성을 풍요롭게 해주는 서정적·정서적 감상행위이다. 족자작용에 나타난 풍경작용 자체가 여기에 해당된다. 이처럼 족자작용을 통해 한옥은 문서화에 해당되는 건축적 형식을 갖추게 된다. 문서화 기능이 모두 집에 들어있게 되는 것이다.

문서화는 기본적으로 한옥에서 수행되는 활동 전반을 담당한 기능적 도구였지만, 더 중요한 것은 사용자의 마음에 부합되고 감성을 어루만 져주는 심리적 작용이었다는 점이다. 한옥의 사랑채는 생활공간인 동시에 집무실도 겸했기 때문에 요구되는 기능도 다양했다. 뿐만 아니라 이에 수반되는 심리적 작용도 다양했다. 족자작용이 갖는 문서화의 기능은 이것을 상당부분 만족시켜주었다. 그 비밀은 다양한 풍경작용을 통해 마음과 감성의 변화에 합당한 다양한 장면을 제시한 데 있었다.

사람들은 자신을 둘러싸고 있는 조형환경이 자신의 마음과 감성상태와 합치될 때 행복을 느낀다. 이때 '합치'란 일차적으로는 '동일화'를 뜻하지만 확장하면 '반대적 중화작용을 포함한 가변능력'을 뜻한다. 예를 들어 심리상태가 감상적일 때 집이 할 수 있는 작용은 두 방향이다. 하나는 같이 감상적이 되어서 사람의 심리상태를 보강하는 것이다. 향단이 좋은 예이다.^{사진 89} 워낙 신비롭고 은밀한 공간의 대명사이기도 하려니와 침잠하고 싶을 때 분위기를 맞추기에 제격이다. 이 경우는 문서화 가운데 '화'에 해당되는 예술적 감성상태를 즐기면서 난이라도 치고 시조라도 한 수 짓고 싶을 때 어울린다. 다른 하나는 그 반대로 밝고 활기찬 분위기를 만들어 사람을 감상적 상태에서 빠져나오게 하는 것이다. 이 경우는 문서화 가운데 '문'에 해당되는 이성적 활동을 할 때 필요하다. 마음이 지나치게 늘어져 하는 일에 방해가 될 때

89 | 향단 사랑채

공간이 오밀조밀하다 못해 신비롭기까지 한 집이다. 이 집에만 들어가면 묘한 은밀함에 싸여 안으로 침잠하고 싶은 마음이 절로 난다. 감상적 심리상태일 때 제격인 공간이다.

90 정여창 고택 사랑채

사진 71과 문 하나만 다르게 열어놓았을 뿐인데
풍경작용의 분위기가 달라진다. 이런 차이는 곧 방 안 분위기의
차이로 이어지며 사람의 섬세한 심리상태와도 맞닿아 있다.

기분전환을 시켜준다.

족자작용은 분명 집의 분위기를 다양하게 변화시킬 수 있다. 한 지점에서 움직이지 않고 같은 장면을 보더라도 창만 다르게 조작함으로써 다양한 분위기를 만들어낼 수 있다. 문짝의 위치와 문양이 중요한 역할을 한다. 좌우 양쪽에서 같은 짝의 문을 닫아서 같은 문양을 보이게 할 경우 단정한 모습으로 나타난다.^{사진 90} 이때 문이 열리는 정도역시 좌우가 같으면 가장 단정하고 반듯한 분위기를 준다. 열리는 정도가 다르면 좀 흐트러진 분위기가 된다. 좌우가 다른 문일 경우, 즉다른 문양이 보일 경우 분위기는 분명히 더 흐트러진다.^{사진 71} 가장 흐트러진 경우는 좌우가 다른 창이면서 열린 정도도 다를 경우이다.

이런 액자의 분위기에 따라 바깥풍경도 영향을 받는다. 액자가 단정하고 반듯하면 풍경도 그렇게 보인다. 그렇지 못하면 풍경도 흐트러져보인다. 혹은 거꾸로 바깥풍경의 종류·분위기·상태·모습 등에 창의 분위기를 맞출 수도 있다. 창밖 풍경이 좌우대칭이고 품격을 드러내는 장면이면 액자도 반듯하고 단정하게 만들어 그런 분위기를 강화할 수 있다. 자경에서는 창이 가지런히 나거나 지붕이 일자로 곧게 뻗은 장면 등이, 차경에서는 은행나무 한 그루가 땅에 굳건하게 뿌리박고 서 있는 장면 등이 해당된다. 한개마을 대산동 교리댁을 보자.^{사진 91} 일자로 뻗은 담에 맞게 액자도 반듯한 좌우대칭이다. 풍경요소의 단정함이 강화되면 엄격함으로까지 발전할 수 있다.

거꾸로 이런 장면이 지나치게 반듯해서 숨이 막히고 조금 풀어지고싶으면 창의 좌우대칭을 깨면 된다. 앞서 설명한 '반대적 중화작용을포함한 가변능력'의 또 다른 예에 해당된다. 좌우대칭을 심하게 깨면중화작용을 벗어나 집안 전체에 대립과 갈등이 형성된다. 동양의 정서

에서는 대립과 갈등은 가급적 피하는 것을 장려했지만 살다보면 이런 극단적 분위기가 필요한 경우도 생기는 법, 이때에는 창을 잘 조작해서 집안 분위기를 그렇게 만들면 된다. 집은 요술을 부리듯 절묘한 심리작용을 발휘한다.

반대의 경우도 이러한 조작이 가능하다. 창밖 풍경이 자유분방하거나 변화가 심한 경우이다. 지붕의 높낮이와 집 몸통의 들고남 등에 변화가 심하고 창도 동일하지 않게 난 장면, 키 작은 풀이나 꽃나무가 여러 그루 산만하게 심어져 있는 장면 등을 들 수 있다. 이런 분위기를 강화하고 싶으면 창의 좌우대칭을 깨면 된다. 깨는 정도가 심해지면 풍경작용은 바로크 단계로 넘어간다. 집안 가득 변화무쌍함과 생동하는 기운이 넘쳐나며 흥분과 활기가 지배한다. 집주인이 대장 노릇을 좋아해 사람을 불러 모아 전략을 논하고 논쟁을 즐기는 성격이라면 이런 분위기가 제격이다. 늘 이렇게만 살 수는 없는 법, 마음을 가라앉혀 침잠이 필요할 때는 창을 좌우대칭으로 조작해 분위기를 단정하게 만든다.

◀ **91** 대산동 교리댁
풍경요소의 종류가 단순하며 무엇보다 풍경요소의 자세가 반듯하다.
이에 맞게 액자도 반듯하게 만들어 단정한 분위기를 강조하고 있다.

거울작용
창과 풍경이 하나 되다

개별요소 모두를 살리는 어울림의 변증법

'창 스스로 풍경이 되다'가 더 발전하면 '창과 풍경이 하나 되다'가 된다. 이것은 실제 모습이 유사한 경우일 수도 있고 해석의 문제일 수도 있다. 기본적으로 풍경요소가 집의 일부인 자경에 해당되는 현상이다. 자경인 경우 액자와 풍경요소 사이에 분별이 거의 없어지면서 액자는 자연스럽게 풍경과 하나가 된다. 수애당 중문을 보자. ^{사진 92} 중문 너머 보이는 솟을대문과 쌍둥이로 닮으면서 액자와 풍경요소 사이의 구별이 무의미해지고 있다.

차경에서도 일어날 수 있다. 인공요소와 자연물 사이에 어울림의 미학이 일정 수준을 넘어서면 이 경계에 다다른 것으로 볼 수 있다. 하회마을 남촌댁 별당 중문을 보자. ^{사진 93} 문과 문 속 대나무 숲의 어울림이 절묘하다. 살짝 끼어든 지붕과 숲 아래쪽을 나지막하게 가르는 담이 중간가교 역할을 한다. 더 중요한 것은 해석이다. '창 스스로 풍경이 되다'에서 창과 풍경요소 사이의 관계에 대한 해석을 이분법적 대립과 분별이 없는 불이(不二)의 상태로 볼 경우 창과 풍경은 하나가 된다.

이런 해석의 출발점은 변증법적 통합이다. 창과 풍경요소 사이에는 기본적으로 정-반의 관계가 바탕에 깔려 있다고 볼 수 있다. 형식과 내용, 주체와 객체, 주체와 대상 등 여러 층위에서 그러하다. 물론 이것은 일반론 차원에서의 가정이다. 관건은 이런 기본적 관계를 어떻게 정의하고 해석하느냐이다. 이런 큰 가정이 구현되는 과정 및 내용은 편차가 크게 나타날 수 있다. 이에 따라 시대와 문명을 대표하는 세계관이 정립된다. 한옥에 나타난 '창 스스로 풍경이 되다', 혹은 '창과 풍경이 하나 되다'를 기준으로 삼아보면 우리의 전통적 세계관에서는 정-반의 관계를 불이사상에 기초한 화합적 어울림으로 정의한다.

정-반의 관계는 풍경요소가 자연물일 때 확실하게 형성된다. 풍경은 족자의 인공성과 '정-반-합'의 변증법적 통합을 이룬다. 그러나 헤겔의 변증법과는 다르다. 헤겔의 변증법에서는 합의 상태가 절대적 질서로 전제되며 정과 반은 여기에 도달하기 위한 하부요소로 정의된다. 절대성을 전제로 위계가 개입하는 것이다. 정과 반의 요소는 단순히 위계만 낮은 것이 아니라 합에 도달하는 과정에서 소멸될 수도 있다. 합을 만들어내기 위한 재료에 불과하다는 의미이다. 전체를 위해 개체가 희생되는 절대주의적 억압구도의 전형적 예이다.

한옥의 '창과 풍경이 하나 되다'에는 이런 것이 없다. 최종상태에 대한 전제조건이 없다. 자연물과 인공요소는 각자의 본성을 유지하면서 어울리면 된다. 어울림의 최종상태는 둘의 단순병렬일 수도 있고 제3의 상태로의 통합일 수도 있다. 나타나는 풍경을 있는 그대로 받아들여 각자의 감성과 취향에 따라 즐기고 감상하면 된다. 목적과 가치를 선험적으로 개입시키지 않으며 조작도 가하지 않는다. 위계도 없다. 개별요소의 존재를 충분히 보장한다. 개체와 전체가 모두 동격이다.

92 수애당 중문
앞이 액자이고 뒤가 풍경요소이지만 둘 사이의 구별은 더 이상 무의미하다.
액자를 복사해서 풍경을 만든 것 같고, 거꾸로 풍경을 복사해서 액자를 만든 것 같다.

93 남촌댁 별당 중문

액자를 이루는 문이 스스로 풍경요소가 되지 못하더라도 자연요소와 잘 어울리면
'창과 풍경이 하나 되다'가 일어날 수 있다. 액자와 풍경은
서로 닮지 않고서도 어울리는데 이는 개별의 변증법을 이루는 좋은 예이다.

그렇기에 정과 반으로 대별시키는 것 자체가 무의미할 수 있다. 이런 질서구조를 '개별의 변증법'이라 부를 수 있다.

헤겔의 변증법에서 '정-반-합'의 대상으로서의 자연은 결국 합의 상태에 이르기 위해 희생되는 소모적 요소이다. 합이란 다름 아니라 인간의 능력과 기계문명에 의해 이루는 기술적·물질적 발전이며 더 궁극적으로는 물질욕망의 만족이다. 자연은 이를 위해 개발되고 변형되고 희생되어야 할 대상이다. 한옥의 '창과 풍경이 하나 되다'에는 이런 것이 없다. 굳이 훼손이라면 집 안마당에 붙들려온 정도이다. 그다음부터는 사람의 손을 가급적 대지 않으려 한다. 서양·중국·일본 등과 구별되는 우리만의 자연관이다. 서양의 조경술과 건축에서는 자연물을 기본적으로 인공적 각색의 대상으로 보며, 심지어 같은 동북아 문화권인 중국과 일본도 크게 다르지 않다. 반면 우리만 독특하게 자연을 가급적 있는 그대로 받아들이려 한다.

한규설 대감가 사랑채를 보자. 사진 94 나무 한 그루면 족하다. 중국이나 서양처럼 마당 가득 체할 것처럼 조경요소를 채운 뒤 기하학적으로 다듬어 재단하지 않는다. 일본처럼 틀 속에 가두지도 않는다. 텅 빈 마당에 꽃과 수목 한두 그루면 족하다. 이것만 보면 어딘가 부족하고 무성의한 것처럼 느껴지지만 액자를 통해 풍경작용으로 받아들이면 얘기는 달라진다. 나무 한 그루가 액자를 가득 채우며 액자와 하나가 된다. 이것이면 족하다.

인공적 각색을 최소화하고 개별요소의 존재와 특성을 최대한 존중해서 살려놓았기 때문에 풍경요소로서 풍부한 감성을 제공한다. 상대방도 살아 있는 하나의 개별존재로서 나의 상태에 따라 탄력적으로 대응할 줄 안다는 의미이다. 인공적 각색을 많이 가한 풍경요소는 죽은 인

형과 같아서 그 장면 하나는 보기 좋을지 모르나 나의 상태에 따라 변화할 줄 모른다. 나와 안 맞으면 나와의 관계는 무(無)가 되어버리는 흑백논리로 귀결된다. 반면 인공적 각색을 최소화한 상태에서 마당의 여백 속에 놓인 한두 그루의 수목과 꽃은 나의 상태에 따라 다양하게 감상되고 해석될 소지를 충분히 갖는다.

액자와 풍경 사이의 대립을 없애다

'창과 풍경이 하나 되다'라는 액자작용에서 자연요소가 갖는 의미는 회화와의 차이를 비교해보면 명확하게 이해할 수 있다. 회화에서는 자연을 그렸을 때 진짜 자연이 아니라 인공적 자연이다. 사람 손으로 그린 그림 상태의 가짜 자연이라는 뜻이다. 반면 한옥의 풍경작용에서 자연은 진짜 자연이다. 따라서 어울림의 의미는 그만큼 더 커질 수밖에 없다. 이미 한 번 인공화된 회화에서의 자연이 인공요소와 어울리는 것과는 다르다. 건축형식에서는 이런 진짜 자연이 조금도 훼손되지 않는 상태로 그대로 지켜져 족자와 어울려 제3의 통합상태를 만들어낸다. 개별의 변증법의 좋은 예이다.

이런 느슨한 조합은 이분법에 의한 명확한 편가르기를 부담스러워하는 한국 특유의 민족성에서 기인한다. 불이사상은 그 정신적 근거를 제공한다. '창과 풍경이 하나 되다'에서 불이사상은 형식(=액자)과 내용(=풍경요소) 사이의 이항대립적 관계를 부정하는 형식으로 나타난

◀ **94** 한규설 대감가 사랑채
엉성해 보이는 문틀과 그 속에 담긴 나무 한 그루면 완결성 높은 풍경작용이 일어난다.
인공적 과시와 형식미를 좋아하지 않았던 한국의 민족성이 잘 드러난 장면이다.

다. 형식과 내용은 서로에 대해 이항대립의 입장을 가질 때 자칫 제로섬 관계에 놓이기 쉽다. '창과 풍경이 하나 되다'에서는 형식이 스스로 내용이 되어버림으로써 제로섬 관계를 극복한다. 향단 사랑채를 보자. 사진 95 액자를 이루는 서까래와 풍경요소를 이루는 기와선이 사이좋은 유사성을 가지면서 형식과 내용 사이의 구별을 없앤다. 액자와 풍경 사이에 분리가 일어나지 않고, 같이 작동하고 협력해서 하나의 풍경을 만들어낸다.

능동과 수동 사이의 구별이 무의미해진다. 창은 바깥 풍경요소에 정리기능을 가하는 능동적 주체인 동시에 감상대상이 되는 수동적 객체이기도 하다. 두 입장을 동시에 갖다보니 '내가 너이고 네가 나'인 상태가 된다. 이처럼 위계와 구별을 지우고 동등한 상태에서 함께 작동할 때 진정한 어울림의 상태에 도달할 수 있다. 하회마을 남촌댁 사랑채를 보자.사진 96 창은 일단 액자로 작동하지만 동시에 풍경과 한통속으로 어울리기도 한다. 창호지의 활약 덕분에 창 자체가 감상대상이 된다. 나아가 바깥풍경과 함께 어울려 집의 총체적 모습을 자연스럽게 완성시킨다.

'창과 풍경이 하나 되다'의 궁극적 목적은 어울림의 미학이다. 나와 너, 주체와 객체, 형식과 내용, 액자와 풍경 사이의 관계를 어울림으로 정의하려는 세계관 위에 기초한 정신이다. 액자는 나, 즉 주체이고 풍경은 너, 즉 객체이자 대상이다. 이때 나와 너 사이에는 나에게서 너로 향하는 일방통행식 관계가 생기는 것이 보통이다. 나는 나의 주관과 가치관에 의해 객체와 대상, 즉 주변을 정리하고 정의한다. 나의 눈으로 세상을 보고 나의 마음의 창으로 세상을 받아들여 읽는다. 나에게 불필요한 것은 제외시키고 기분 나쁜 것은 버린다. 마음에 안 들면 고

95 향단 사랑채

액자의 서까래와 풍경의 지붕선은 유사성을 가지며 서로 닮아 부질없는 분별을 지운다.
형식이 스스로 내용이 되어버림으로써 불이사상을 구현한다.

96 남촌댁 사랑채
창은 액자인 동시에 안쪽 풍경이 되어 바깥풍경과 한통속으로 어울린다. 이때 창은
바깥풍경을 정리하는 능동적 주체인 동시에 감상대상이 되는 수동적 객체이기도 하다.

친다. 세상은 나를 중심으로 재편된다. 이것이 흔히 우리가 세상을 살아가는 방식이다. 명확한 자기주관을 가지고 세상의 중심에 서는 것이 세상을 잘 사는 방법으로 통용된다.

풍경에 대해서도 마찬가지이다. 나의 기호와 개성에 따라 풍경을 재단하고 각색한다. 이것을 해주는 틀이 액자이다. 액자라는 형식을 이용해서 풍경이라는 내용을 정하기도 하고 변경시키기도 한다. 나와 액자는 능동적 주체이고 너와 풍경은 수동적 객체이다. 그런데 거꾸로 너의 입장에서 보면 이번에는 내가 객체요 대상이 된다. 너와 내가 이렇듯 서로 반대되는 입장을 고수하면 반드시 갈등과 대립이 발생한다.

사람 사는 세상에서는 다툼이 발생할 수밖에 없다. 서양의 세계관은 기본적으로 나를 중심으로 나의 능력과 의지에 의해 주변을 정리하고 다스리려는 입장을 갖는다. 데카르트의 합리주의는 이것을 사상적으로 뒷받침한다. 그러나 이 사상에는 자기모순이 있다. 이 세상에는 나 혼자만 있는 것이 아니기 때문이다. '남'도 그 사람의 입장에서는 또 하나의 '나'이다. 세상은 이렇게 수많은 '나'로 구성된다. 데카르트 식으로 따지면 세상 사람들은 모두 각자 '나'의 입장에서 주변을 정리하고 다스려야 한다. 여기에서 발생하는 다툼은 무한대로 증폭될 수밖에 없기 때문에 세상은 존재할 수 없게 된다. 자기모순인 것이다.

헤겔의 변증법은 이 모순을 해결하려 했다. 나와 너를 초월하는 더 큰 질서를 설정한 뒤 그것에 절대적 권위와 가치를 부여함으로써 이항 대립의 두 요소를 묶어두고 통제할 수 있다고 믿었다. 원하는 더 큰 질서만 얻어지면 너와 나 사이의 대립은 해결될 것으로 보았다. 하지만 이것은 억압으로 덮어두는 것이지 진정한 해결이라고 보기 어렵다.

반면 한옥의 '창과 풍경이 하나 되다'에서는 너와 나 사이의 분별을 최소화하여 대립의 소지를 근본적으로 제거하려 한다. 처음부터 문제의 소지를 발생시키지 않는 것이다. 그렇다고 나와 너의 개별존재를 없애자는 것이 아니다. 오히려 개별요소를 최대한 존중하는 개별의 변증법을 추구한다. 각자의 존재를 충분히 지키면서도 서로 어울려가는 쌍방향 교류가 요점이다. 일상어로 바꿔 말하면 역지사지쯤에 해당된다.

불이사상을 건축적으로 구현하다

'창과 풍경이 하나 되다'의 바탕에는 불이사상이 있다. 불이사상에서는 다툼과 갈등이 일어나는 출발점을 '분별'로 본다. 나는 너와 다르다는 생각이 모든 다툼의 출발점이라는 뜻이다. 이때 '나는 너와 다르다'라는 말 속에는 자존감 같은 긍정적 측면도 있지만, 궁극적으로는 '나는 너보다 우월하다'라는 차별의식이 더 크게 깔려있다. 나의 우월을 위해 위계를 만들게 되고, 위계를 위해 너를 제압하려 한다. 우월의식을 적절히 다스리지 못하면 사람 사는 세상에는 항상 다툼과 갈등과 대립이 생길 수밖에 없다. 내가 너보다 우월하고 싶은 것과 똑같이 너도 나보다 우월하고 싶기 때문이다. 이것은 분명 생존본능 가운데 하나일 수 있지만, 그러나 잘못된 혹은 지나친 본능이다. 불이사상은 분별이 무의미한 헛것이라 가르친다.

'창과 풍경이 하나 되다'에서는 나와 너, 주체와 객체, 액자와 풍경 사이에 분별이 없다. 분별이 없으니 우열도 없다. 상대방을 있는 그대로 받아들여 무심하게 어울리려는 평등한 통합을 지향한다. 이런 관계에는 사실 친소를 따지는 것이 아니지만 굳이 따지자면 둘이 친해야 가능한 일이다. 풍경작용을 하도 많이 하다 보니 무척 친해져 창이 스스로 풍경이 되어버린 것이다.

'창과 풍경이 하나 되다'는 불이사상에 기초한 한국적 어울림의 미학을 대표한다. 내 것과 네 것을 굳이 구별하지 않는 한국적 집단성이 건축적 형식으로 발현된 것으로 볼 수 있다. 송소고택 별당 중문을 보자.^{사진 97} 육면체 윤곽을 선형 부재로 분할하는 건축형식을 나누어 가진 뒤 이것을 명확한 조형요소로 내보인다. '내 것이 네 것이요 네 것이 곧 내 것이다'라는 말은 한국의 민족성을 이루는 핵심정서 가운데 하나이다. '가족-가문-문중-씨족-향토'에 이르는 여러 겹의 집단질서로 이루어진 사회에서 살다보니 자연스럽게 생긴 결과이다. 거슬러 올라가면 불이사상과도 맞닿아 있다. 한국의 민족성은 분명 쓸데없는 공교로움을 싫어하는데 너와 나의 분별도 그 중 하나이다.

한국적 집단성에는 자칫 절대적 집단주의로 빠질 수 있는 위험이 상존한다. 한국의 가족주의는 절대적 효를 바탕으로 한 가부장적 질서를 내용으로 한다. 가족에서 향토에까지 이르는 집단질서 속에서 개인의 자유는 억압되고 전체질서를 따르도록 강요받을 수 있다. '가문의 체면을 지키기 위해서'라는 가치가 상식과 이성보다 우선시되던 때가 분명 있었다. '그 놈의 체면 때문에'가 절대적 권위를 갖던 때가 있었다.

그러나 우리 선조는 이에 대한 대비책도 철저하게 만들어놓았다. '필부라고 해서 함부로 그 뜻을 빼앗을 수 없다'라는 가르침이 그것이다. 개개인의 자유와 존재의 소중함을 존중하고 지키라는 가르침이다. 실생활에서 이것을 가능하게 해준 것은 바로 정(情)의 문화였다. 어머니의 사랑을 최고로 하여 각자의 상황과 상대편에 따라 다양하게 분화

된 정의 문화가 있었다. 집단과 개인의 관계는 자칫 제로섬이 되기 쉬운데 정의 문화는 이것을 해소하는 역할을 했다.

불교의 불이사상은 고도의 수양과 깨달음이 수반되어야 하는 일종의 종교적 경지이다. 이것은 실생활에서도 다양한 방식으로 구현될 수 있는데 정의 문화는 좋은 예이다. '창과 풍경이 하나 되다'는 불이사상이 건축형식으로 구체화된 경우에 해당된다. 액자와 바깥 풍경요소는 서로 일정한 상이성과 거리감을 유지하면서 함께 어울려 제3의 큰 풍경을 만들어낸다.

'창과 풍경이 하나 되다'를 공간적으로 풀면 내외부 사이의 어울림이 된다. 창은 실내공간이요 풍경은 실외공간이니 둘이 하나 된다는 것은 곧 실내와 실외 사이의 구별이 없어진다는 뜻이다. 이것은 불이사상을 실내와 실외 사이에 적용한 것이다. 운현궁 이노당을 보자.^{사진 98} 액자 속 풍경장면인 반대편의 집 모습을 실내요소로 볼지 실외요소로 볼지 애매하다. 실내와 실외 사이에 이분법적으로 명확한 구별이 없는 이런 현상은 한국다운 공간의 대표적 특징 가운데 하나이다. 물리적·환경적·감성적·재료적 측면 등 여러 경우에서 그러하다. '창과 풍경이 하나 되다'는 이것을 풍경작용을 통해서 구현한 건축적 조형형식이다.

◀ **97** 송소고택 별당 중문
채와 채 사이의 구획을 처리하는 방식에 문명의 가치관이 반영되기도 한다.
송소고택처럼 건축형식을 공유해서 서로 닮게 처리하는 경향은
한민족의 불이사상을 반영한다.

98 운현궁 이노당

공간 겹 수가 많아지면 실내와 실외 사이의 이분법적 구별은 모호해진다.
이런 모호함은 불이사상을 반영하는 동시에 건축적 풍부함을 낳는 원천이다.

한국적 어울림과 포스트모더니즘의 타자

'창과 풍경이 하나 되다'는 형식과 내용 사이의 불이적 관계를 통해 한국적 어울림과 조화의 개념을 잘 보여준다. 주체와 객체, 인간과 자연 사이의 균등한 상호교차를 바탕으로 한 쌍방향 어울림의 전형이다. 어울림의 참뜻은 두 가지 내용을 갖는다. 하나는 개체가 존중되어 살아있어야 한다는 것이고 또 하나는 이런 개체들이 동등하게 함께 작용해야 한다는 것이다. 개체는 자유롭게 살아 움직이며 각자 편한 대로 변할 수 있다. 최종 어울림은 이런 개체들이 상호존중과 조율에 의해 만들어내는 양보와 협력의 상태이다. 독락당 솟을대문을 보자.^사_{진 99} 여러 장의 지붕이 혼재하나 제어한다는 느낌은 안 든다. 지붕들은 각자 처지를 지키며 어울리고 있다. 처음부터 정해진 것은 없고 그때그때 상황에 따라 최적의 상태로 귀결되기 때문에 경험적이고 귀납적이다.

포스트모더니즘에서의 '타자' 개념과 유사하다. 서양철학에서 타자(Other), 즉 객체의 존재를 어떻게 정의할 것인가 하는 문제는 중요한 주제였다. 데카르트 이전까지는 아직 타자의 개념이 명확하게 설정되지 않았다. 플라톤의 이데아론과 기독교 문명은 공통적으로 총체적 절대질서를 상정하면서 개체의 존재에 큰 의미를 두지 않았기 때문이다. 데카르트에 들어와서 타자는 주체로서의 나와 기본적으로 갈등관계에 있으며 나의 의지로 나에게 종속시켜 대상화해야 한다는 생각이 정리되었다.

데카르트 이후 이 개념은 도전을 받으며 새로운 대안이 또 하나의 흐름을 형성했다. 객체의 절대성을 존중하자는 절대적 타자 개념이 포스트모더니즘 전까지 주류를 이루었다. 그러나 이 단계에서도 여전히 큰 문제 하나가 해결되지 않았다. 객체의 절대성을 존중은 했지만 이것이 주체의 절대성과 충돌이 일어나는 문제였다. 포스트모더니즘에서는 다시 여기에 새로운 대안을 제시했는데 앞에 얘기한 한국적 어울림의 두 가지 조건이 핵심적 내용을 이룬다. 남을 위해서 나를 희생하면 또 다른 남이 나를 위해서 자신을 희생한다, 이런 방식으로 서로 어울리는 것이 타자의 진정한 의미가 되어야 한다는 새로운 개념이 탄생했다. 한옥의 '창과 풍경이 하나 되다'에서는 이미 이 개념을 잘 구현해 보이고 있다.

서양에도 어울림의 의미로서 조화 개념이 있지만 한국적 어울림과는 차이가 있다. 서양에서는 이상비례가 조화의 대표적 예이다. 황금비례를 필두로 정수비례·음계비례·루트비례 등 몇 가지 비례 체계로 이상적 조화미를 정의한다. 조화의 이상적 상태가 처음부터 한 가지로 정의되어 강요된다. 이것은 사실 진정한 조화가 아니다. 자발성·자연스러움·개별상황의 존중 등 조화를 구성하는 중요한 조건들이 모두 빠져있기 때문이다.

이상비례는 절대적 가치와 권위를 가지며 전체 질서를 형성한다. 개체는 전체에 의해 처음부터 한 가지 비율로 결정된다. 이것 이외의 다른 상태로는 존재하지 못한다. 전체 질서를 깨기 때문이다. 개체들 사이의 관계는 무의미하다. 의미가 있다면 총체를 이루기 위한 기능적 협력관계뿐이다. 어울림의 상태는 이상비례라는 한 장면으로 고정되

▶ **99** 독락당 솟을대문
액자와 풍경이 닮았을 뿐 아니라 서로를 존중하며 함께 어울리는
포스트모더니즘의 '타자' 개념을 구현한다.

어 제시된다. 전체에서 개체를 향한 일방통행의 관계만 형성된다. 개체가 살아 있으면서 개체와 개체, 전체와 개체 사이에 쌍방향 교류가 일어나는 한국적 어울림과는 다르다.

서양미술의 변형 캔버스(shaped canvas)는 '창과 풍경이 하나 되다'와 유사한 개념을 가진다. 캔버스를 그림의 일부로 활용한다는 점에서 그렇다. 르네상스와 바로크 때를 시작으로 이후 현대미술에서 프랭크 스텔라(Frank Stella)가 이 경향을 적극 활용했다. 변형 캔버스와 '창과 풍경이 하나 되다'의 차이는 두 가지로 정리할 수 있다.

먼저 변형 캔버스에서는 캔버스의 모습이 그림과 같아져 그림을 연장한 것에 지나지 않는다. 어울림의 첫 번째 조건이 깨진다는 말이다. 캔버스가 개체로 살아있지 못하고 그림의 일부로 편입되면서 존재의 미가 변질된다. 다른 하나는 캔버스를 그림으로 활용하는 방식이 주로 원·마름모·다각형 등 기하형태로 조작하는 수준에 머문다는 점이다. 추상미술 계열에서 기하추상 그림의 일부로 캔버스를 활용한 것이 대표적 예이다. 어울림의 두 번째 조건인 개체들 사이의 동등함과 거리가 있게 된다.

'창과 풍경이 하나 되다'에서는 어울림의 두 조건이 모두 잘 만족된다. 한국의 정자는 '창과 풍경이 하나 되다'가 더 발전해서 창이 풍경 속으로 흡수된 경우에 해당된다. 이는 건물이 주변자연에 흡수되기 때문에 나타나는 현상이다. 한국의 조경에 흔히 나타나는 장면이다. 앞에 살펴본 소쇄원 광풍각은 대표적 예이다.^{사진 12, 86}

누·각·정 등의 완전 개방형 건물들이 조경 속에 놓인 것이 정자문화이다. 건물이 완전 개방형이기 때문에 '조경과 건물 사이'라는 또 하나의 이항대립 상황이 해소된다. 건축 전공자들 사이에는 '정자는 건물인가, 조경인가'라는 재미있는 질문이 있다. 답은 '둘 다'이다. 이 답 속에는 불이사상에 기초한 어울림의 의미가 들어있다. 이것을 풍경작용에 적용시키면 '창과 풍경이 하나 되다'의 전형적 예에 해당된다. 족자에 반대되는 개념이다. 족자는 액자가 커져 풍경을 압도하는 것인데 반해 정자문화의 '창과 풍경이 하나 되다'는 액자가 풍경 속으로 흡수되는 것이다. 자연 속에 슬그머니 기둥 몇 개 세운 뒤 지붕 얹고 바닥 까니 집이 곧 풍경이요 풍경이 곧 집인 것이다. 하회마을 남촌댁 사랑채는 정식 건물에 정자형식을 차용했다.^{사진 100} 정자에 문을 단 형식이다. 문을 다 열어 들어 올리면 건물은 정자가 된다. 주변에 대해 높은 단계의 열린 마음을 갖지 않으면 감히 행하기 힘든 시도이다.

거울에 비추듯 풍경을 반복하다

거울작용은 '창과 풍경이 하나 되다'를 해석적 관점이 아닌 실제 눈에 보이는 현상적 관점에서 접근할 때 나타나는 풍경작용이다. 말 그대로 거울에 비춰보듯 유사한 장면이 대칭적으로 나타난다는 뜻이다. 거울작용이 가장 많이 일어나는 장소는 문이다. 문이 액자를 이루고 문 속 풍경요소가 이 문을 닮은 경우이다. 지붕을 공통요소로 공유하는 경우가 가장 많다. 액자가 문일 경우 그 위에 지붕을 갖게 되는데 이것이 문 속 풍경요소에서 동일하게 반복되는 경우이다. 충효당 솟을대문을 보자.^{사진 101} 문 속에 문을 닮은 문이 하나 더 있다. 양쪽에서 반복되는 지붕이 핵심매개이다. 거울을 비추듯 닮았다.

거울작용이 일어나기 위한 조건은 세 가지로 요약할 수 있다. 첫째, 자경작용이어야 한다. 액자가 인공요소이기 때문에 거울작용이 일어

100 남촌댁 사랑채

겨울에는 문을 닫아 온전한 건물로 쓰고 여름에는 창을 다 들어 올려 정자로 쓴다.
정자에서는 '창과 풍경이 하나 되다'가 더 발전하여 창이 풍경 속으로 흡수된다.

나려면 풍경요소도 인공요소인 집의 일부여야 한다. 따라서 거울작용은 기본적으로 자경에서만 일어나는 풍경작용이다. 둘째, 관찰자가 문밖에서 안을 들여다봐야 한다. 이래야만 풍경요소가 집의 일부가 되어 문과 유사성이 일어날 수 있기 때문이다. 안에서 밖을 보면 풍경요소가 마을풍경이나 먼 산 등이 되어서 거울작용이 일어날 수 없다. 셋째, 가능한 한 문에 근접해서 액자를 화면 가득 채우는 것이 좋다. 추사고택 중문을 보자.사진 102 문밖 담이 문 지척에 있기 때문에 문과의 유사성을 확실히 해준다. 문에서 멀리 떨어져 보게 되면 문 옆 행랑채 등이 화면에 함께 들어오기 때문에 공통요소 사이의 유사성에 대한 집중도가 떨어진다. 액자도 작아지기 때문에 유사성을 시각적으로 감지하는 정도도 약해져 거울작용을 방해한다.

거울작용은 기본적으로 중첩현상의 일환이다. 위의 세 가지 조건을 만족시키면 일차적으로 액자 속에 자경요소가 겹쳐지기 때문이다. 문과 풍경요소 사이에 유사성이 적으면 거울작용으로까지 가지 못하고 자경중첩에 머물며 문양종합을 일으킨다.사진 103 문과 문 속 채가 겹쳐지면서 문 특유의 형식화 작용이 일어난다. 풍경요소에 들어간 건축형식의 종류와 개수가 너무 많아서 풍경요소가 일정 범위를 넘어 복잡해지는 경우도 문과의 유사성에 대한 집중도가 떨어지게 된다. 이 경우에는 설사 풍경요소 안에 문과 닮은 공통요소가 들어있다고 해도 거울작용으로 느끼기는 어렵다. 그보다는 몽타주나 콜라주에 가깝다.

문 속 지붕과 액자인 문의 지붕이 닮은 경우가 거울작용에서 가장 흔하다. 문의 지붕이 마치 액자 속에서 증식하며 반복되는 것처럼 보인다. 이때 증식과 반복 현상을 거울의 반사작용으로 비유한 개념이 거울작용이다. 실제로 거울작용이 일어나는 장면에서는 마치 문을 거울

101 충효당 솟을대문

잘못 본 것이 아닌가 싶을 정도로 액자와 풍경요소가 서로 닮았다.
거울작용 또는 '창과 풍경이 하나 되다'의 절정이다.

102 추사고택 중문

액자인 중문 지붕과 풍경요소인 행랑채 지붕이 마치 거울을 비춰보는 것처럼 서로 닮았다.
문과 관찰자, 문과 행랑채 사이의 거리가 짧기 때문에 그 효과가 더 크게 나타난다.

103 김동수 고택 중문

액자와 풍경요소가 유사하기는 하나 자경에 의한 어울림이나 문양종합이지
거울작용까지는 나아가지 못하고 있다.

로 비춰서 문 속에 하나 더 넣어둔 것 같은 착각을 불러일으킨다.

거울작용은 유사성의 정도에 따라 적극적 거울작용과 소극적 거울작용으로 나눌 수 있다. 적극적 거울작용은 거울에 비춰보듯 유사성이 강한 경우이다.^{사진 92, 101} 회화에서 종이를 접어 좌우에 동일한 문양과 장면을 만들어내는 데칼코마니에 비유할 수 있다. 창덕궁 연경당 솟을대문을 보자.^{사진 104} 행랑채를 기본요소로 삼아 액자와 풍경요소가 빼다 박은 듯 닮았다. '담-벽-지붕'으로 이어지는 수평요소들의 높낮이마저 비슷해서 한 장면이 중간에 조금 어긋난 것처럼 보일 정도이다.

소극적 거울작용은 자경중첩에 머문 것으로 보기도 어렵고 콜라주로 넘어간 것으로 보기도 어려우면서 최소한의 유사성을 유지한 경우에 해당된다. 녹우당 측문을 보자.^{사진 105} 액자와 풍경요소는 어딘가 닮았으면서 완전히 닮지는 않은 중간상태를 유지한다. 둘 다 머리에 지붕을 이고 있고 담을 쌓은 모습도 유사하다. 그러나 기본적으로 액자는 하나의 큰 문이고 풍경요소는 담이기 때문에 유사성이 약하다. 앞의 창덕궁 연경당 솟을대문과 비교하면 특히 그러하다. 녹우당 측문의 풍경작용은 문양종합에 가까우나 거울작용으로 볼 만한 최소한의 요소를 공유하고 있다.

한옥에 나타나는 또 다른 거울작용으로 그림자를 이용한 경우를 들수 있다. 그림자를 건축 조형요소로 활용하는 경향은 한국 전통건축에서 관찰되는 특이한 현상인데 이것이 거울작용에도 쓰이고 있다. 귀촌 종택을 보자.^{사진 106} 약간의 서까래와 풍경요소의 담 위 기와가 유사성을 공유하긴 하지만 거울작용으로 보기는 힘들다. 액자와 풍경요소 사이를 하나로 이어주는 것은 의외로 그림자이다. 풍경요소 속 나무가

104 창덕궁 연경당 솟을대문
액자를 이루는 부분과 액자 속 풍경요소가 모두 행랑채이다 보니
둘의 건축적 구성이 서로 닮은꼴이 되면서 거울작용을 일으킨다.

▶ **105 녹우당 측문**
액자를 이루는 중문과 액자 속 풍경요소인 담이 닮은 것 같으면서도 다르다.
거울작용으로 볼만한 최소한의 요소를 공유한 경우로, 소극적 거울작용이라 할 수 있다.

106 귀촌종택 사랑채

액자의 서까래와 풍경요소의 담 위 기와가 유사성을 가지긴 하지만 그 정도가 약하다.
나무의 그림자가 둘 사이의 유사성을 강화시켜 거울작용을 일으킨다.

액자 속에 그림자로 들어와 있다. 둘은 하나로 붙어 있을 뿐 아니라 실루엣이 같기 때문에 한눈에 봐도 거울에 비춰보는 것 같은 모습이다. 이를 통해 액자와 풍경요소는 거울작용을 일으킨다.

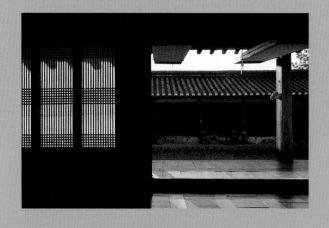

풍경의 절정

몽타주 조각난 장면을 상상으로 복원하다

콜라주 서로 다른 조각들이 하나를 암시하다

바로크 규칙을 최소화하고 분산을 즐기다

몽타주

조각난 장면을 상상으로 복원하다

작은 풍경들이 모여 병풍을 만들다

창은 하나만 나지 않는다. 벽면이 길면 창이 여러 장 나게 되어 있다. 대청은 대표적인 곳이다. 대청 뒷면은 보통 두 장의 큰 창으로 이루어진다. 앞면의 기둥 열도 얼개로 짜인 개방창으로 볼 경우 뒷면의 창의 개수와 같다. 기둥이 세 개면 창이 두 개, 네 개면 창이 세 개인 셈이다. 사진 107 칸 수가 곧 액자 수가 된다. 방의 한쪽 면이 긴 경우도 마찬가지이다. 창은 보통 두 개가 나지만 세 개 이상 나는 수도 있다.

창이 여러 개인 경우 풍경작용 역시 여러 개로 나뉘어 일어난다. 이것을 한눈에 같이 볼 경우, 즉 한 화면 안에 이것들을 모두 넣을 경우 전체 풍경은 작은 풍경 여러 개의 합으로 이루어진다. 연작, 곧 병풍 개념이다. 창의 개수는 병풍의 폭의 개수가 된다. 두 개면 두 폭 병풍, 세 개면 세 폭 병풍이다. 병풍은 좌우로 작은 풍경들이 이어지는 것으로, 앞뒤로 이어지는 중첩과 구별된다.

한옥에서 건축적 형식을 통해 병풍을 만들어내는 기준은 분산성과 규칙성이다. 상반되는 조건인 두 기준 사이에 적절한 균형이 이루어져

107 정여창 고택 안채

대청 앞면의 기둥 열이 만드는 액자가 풍경을 자르는 역할을 한다.

이것을 한눈에 같이 볼 경우 좌우로 작은 풍경이 이어지는 병풍을 형성한다.

야 한다. 병풍작용은 풍경요소가 작은 것 여러 개로 나누어지기 때문에 분산성을 기본 특징으로 갖는다. 그러나 너무 분산적이면 병풍으로 남기 어렵다. 콜라주와 바로크로 넘어간다. 분산성은 풍경요소들이 작은 장면들로 나누어지는 선까지 허용된다. 한 번 나눠진 다음에는 반대로 일정한 규칙성을 가져야 서로 어울려 하나의 큰 연작을 만들 수 있다. 규칙성의 조건은 연속성과 유사성이다. 판단기준은 액자·풍경·관찰자의 위치 등이다.

액자에서는 창이 서로 같은지 다른지 여부가 제일 중요하다. 기준은 모양·크기·위치·형식 등 여러 가지일 수 있다. 창이 같으면 반복에 의한 질서가 형성되면서 병풍의 전형적인 장면이 나타난다. 각 창은 하나씩 작은 풍경을 만드는데 이것들을 이어붙이면 하나의 큰 풍경이 된다.^{사진 108} 병풍의 조건인 '작은 장면들 사이의 유사성과 연속성'을 만족시키게 된다.

다르다고 반드시 병풍이 깨지는 것은 아니다. 모양·크기·위치·형식 등 기준들 사이의 상호작용에 따라 경우의 수가 다양해질 수 있기 때문에 한 가지로 단정지어 말하기 어렵다. 문제는 규칙성이 얼마나 남아 있느냐이다. 풍경장면들을 이어 붙여 연작으로 느낄 수 있으면 병풍이 되는 것이고, 분산성이 심해 연속성이 깨지면 콜라주와 바로크 등 다음 단계로 넘어가는 것이다. 맹사성 고택을 보자.^{사진 109} 대청 뒷면 창 두 장이 위치는 동일한데 크기와 모양이 다르다. 왼쪽 큰 창은 문짝이 반쯤 열려 있다. 분산성도 느껴지나 전체 장면은 아직 병풍에 머문다. 좌우가 다른 비대칭 병풍쯤으로 생각하면 쉽다.

창의 개수도 중요하다. 두 개면 좀 부족하고 세 개면 안정적이다. 네 개면 확실하지만 한옥에서 한 번에 창이 네 개 연달아 나는 경우는 거

108 관가정 안채

대청에 같은 모양의 창 세 개가 연달아 나 있다.
각 창이 만드는 풍경을 이어붙이면 하나의 큰 풍경이 된다.

109 맹사성 고택

액자를 이루는 두 창의 크기와 모양이 많이 다르지만 파격이 그리 심한 것은 아니다.
두 풍경을 하나로 합쳐 병풍으로 볼만하다.

의 없다. 세 개인 경우는 많진 않지만 제법 있는 편이고 두 개가 제일 많다. 대청 앞면 기둥 열이 만드는 액자도 마찬가지다. 두 칸이 제일 많고 세 칸인 경우도 있다. 관가정 안채와 한규설 대감가 사랑채 등은 세 칸이다. 그러나 대청 양옆 방 앞에 퇴가 나고 기둥이 세워지면 대청에서 장소를 잘 잡을 경우 창이 네 개인 것으로 보이기도 한다.

시기적으로 보면 조선 초기로 내려갈수록 두 개가 표준형이고 후기로 올수록 개수가 늘어난다. 한규설 대감가의 사랑채 대청은 세 칸으로 후기 상황을 보여주는 좋은 예이다._{사진 56} 조선 초기와 중기에는 한옥이 짜임새를 가지면서 칸 수도 제한적이었다. 후기로 오면서 기단이 높아지고 장식도 많아지는 등 분위기가 느슨해지는데 대청이 길어진 것도 이런 현상의 일환으로 볼 수 있다. 창의 개수는 모양·크기·위치·형식 등 규칙성을 만들어내는 기준과 함께 작동한다. 규칙성이 안정적으로 확보되었을 때에는 창의 개수가 많을수록 병풍작용에 유리하다. 규칙성이 약한데 개수가 많으면 분산성을 도와 오히려 병풍작용에 방해가 된다.

풍경요소의 종류에서는 차경과 자경 모두 차별 없이 병풍작용을 일으킬 수 있다. 풍경요소가 자연물인 차경이 회화에서의 병풍과 좀더 비슷할 수 있다. 실제 병풍에 풍경화가 많은 것에 비유할 수 있다. 반드시 이런 것은 아니다. 집의 모습을 풍경으로 담는 자경에서도 훌륭한 병풍작용을 만들어낼 수 있다. 한편 액자 자체의 독립적 장식기능도 중요하기 때문에 족자 개념이 유용하게 적용될 수 있다. 병풍작용이 성립되기 위해서는 풍경요소 사이에 건축 부재가 일정한 간격으로 들어가야 되는데 이 부분을 족자로 처리할 수 있다._{사진 110}

여러 개의 풍경요소들 사이에 유사성이 크면 병풍작용에 유리하다.

110 윤증고택 사랑채

두 장의 풍경 사이에 벽이 일정한 면적을 차지하고 있고
위로는 들어 올린 문이 더해져 있다. 이런 건축 부재들은 족자의 개념에 대응시킬 수 있다.

111 | 관가정 행랑채

두 장의 풍경장면이 서로 다르다. 대립까지는 가지 않지만 통합작용도 없다.
두 장면 사이의 관계에 대해서 관찰자의 상상력을 요구한다.

큰 그림 하나를 몇 개의 장면으로 나눈 다음 이어붙인 것으로 볼 수 있기 때문이다. 서로 달라도 병풍이 될 수 있다. 다른 정도에 따라 병풍의 분위기가 결정된다. 완전히 다르면 단순병렬로 나타난다. 병렬의 의미를 어떻게 해석할지에 대해서는 관찰자에게 자유가 주어진다. 서로 충돌하는 장면들이면 대립과 긴장의 분위기가 만들어진다. 많이 다르지 않으면 그런대로 어울려 성긴 스토리를 만들어낸다. 관찰자의 해석에 따라 전체 스토리의 내용이 자유롭게 결정될 수 있다.

관가정 행랑채를 보자.^{사진 111} 완전히 다른 두 장면이 나란히 병렬되어 있다. 왼쪽은 집의 일부분인 자경이고 오른쪽은 자연물인 차경이다. 두 장면은 이질성이 커서 표준적 의미의 병풍에서 벗어나 있다. 두 장면 사이의 간격에 해당되는 건물부분의 면적이 커서 '이어 붙인다'는 병풍의 조건에서도 벗어나 있다. 그러나 창의 액자형식에 분산성이 없기 때문에 콜라주로 나아가지는 않는다. 대립병렬로서 병풍을 이룬다고 보는 것이 정확하다. 병렬을 통한 자연요소와 인공요소 사이의 종합화 작용이다.

관찰자의 위치에서는 중앙이냐 측면이냐가 관건이다. 병풍이 만들어지기 위해서는 관찰자가 중앙에 위치하는 것이 좋다. 여러 개의 작은 풍경들을 치우침 없이 좌우로 공평하게 병렬시키는 것이 좋기 때문이다. 측면으로 자리를 옮겨 바라보면 형태왜곡과 사선작용이 일어나기 때문에 분산성이 강해져 병풍에 머물기가 어려워질 수 있다. 그러나 창의 개수가 세 개를 넘지 않고 동일한 창이 반복되면 측면에서 바라보더라도 병풍에 머물 수 있다.

상상력으로 집의 전모를 그리다

병풍은 풍경작용을 만들어내는 건축적 형식의 문제이다. 이것을 관찰자의 차원에서 해석의 문제로 보면 다른 기준이 적용될 수 있다. 규칙성이 유지되면 관찰자는 몽타주와 문양종합으로 해석하고 분산적이 되면 콜라주와 바로크로 해석한다. 오죽헌을 보자.^{사진 112} 하나의 액자 안에 풍경요소가 두 개 들어있다. 집의 일부인 자경이다. 둘 모두 조각난 부분만 보인다. 이 둘은 서로 다르지만 오죽헌이라는 큰 하나의 집의 일부분인 점에서 닮은 점도 있다. 이질성과 유사성이 공존한다. 이런 두 요소가 조각난 상태로 병렬되어 있다. 이런 장면을 보면 사람들은 조각난 부분의 나머지 모습을 상상하게 된다. 조각난 장면을 머릿속에서 상상으로 복원시킨다는 뜻이다.

이 장면이 갖는 건축적 조형성은 두 가지이다. 첫째는 이 자체가 하나의 독립적인 구성미를 갖는 것으로 볼 수 있다. 왼쪽 조각은 지붕·회벽·기둥·보 등을, 오른쪽 조각은 가지런한 서까래를 각각 조형요소로 내놓는다. 이것들이 서로 어울려 한옥 특유의 구성미를 만들어낸다. 문양종합이다. 둘째는 둘을 이어 붙여 더 큰 하나의 모습을 완성시키는 경우로 몽타주에 해당된다. 왼쪽 조각에서는 지붕 끄트머리를 보고 나머지 전체 모습을 상상할 수 있다. 역시 기둥과 보가 지나가며 분할하는 회벽을 보고는 벽체 나머지 부분에 난 창 등 몸통의 전체 모습을 상상할 수 있다. 오른쪽 조각에 대해서도 마찬가지이다. 이것들을 모두 모아 이어붙이면 집의 전모를 추측에 의해 그려볼 수 있다. 몽타주이다.

몽타주도 기본적으로는 풍경이 작은 것 여러 개로 먼저 나누어진 뒤

112 오죽헌

주어진 풍경조각을 가지고 나머지 전체 모습을 상상력으로 그려볼 수 있다.
몽타주이다. 가리기와 보이기 사이의 적절한 안배가 관건이다.

113 송소고택 별당 중문

액자를 이루는 중문에 가까이 가면 문 위쪽 지붕이 시야에서 사라지면서
거울작용도 끝난다. 그 대신 액자의 서까래와 풍경요소의 창살이 어울려 몽타주를 이룬다.

재조합되어 나타나는 현상이다. 이런 점에서 콜라주의 한 형식으로 볼 수 있다. 병풍을 출발점으로 갖는 점도 동일하다. 차이점은 요소들 사이의 유사성의 정도 및 전체 그림에 나타나는 분산성의 정도이다. 몽타주는 요소들 사이의 유사성이 더 높다. 서로 일정한 연관성을 갖는다. 조각요소들이 어울려 만들어내는 큰 그림도 한 가지 모습으로 구체성을 띤다. 분산성이 어느 선 이하로 억제된다는 뜻이다.

송소고택 별당 중문을 보자.^{사진 113} 이 지점은 문에서 떨어져 보면 앞에서 설명한 거울작용이 일어난다.^{사진 97} 문에 붙어서면 풍경작용이 달라진다. 풍경요소가 총체적 모습에서 벗어나 소품화되면서 건물 몸통의 덩어리들은 개별 조각요소로 읽힌다. 이것들은 다시 어울려 몽타주를 만든다. 액자도 여기에 가세한다. 최종장면은 유사한 요소들이 모여 동질적 분위기를 만들면서도 동시에 다소 어수선하다.

몽타주는 또한 최종결과에 대해 관찰자의 상상에 맡기지 않고 답을 직접 보여준다. 이를 위해 요소들 사이의 연관성이 높을 수밖에 없다. 물론 몽타주는 기본적으로 조각요소들의 재조합에 기초한 조형현상이기 때문에 요소들 사이에 최소한의 어긋남은 있다. 범인의 몽타주 제작을 생각하면 쉽게 이해할 수 있다. 요소들은 유형 개념으로 주제와 변주의 관계를 갖는다. 한 가지 큰 주제 아래 최소한의 규칙성을 가지면서 조금씩 변형된다는 뜻이다. 그렇게 서로 어울려 무엇인가 한 가지 장면을 구체적으로 보여준다. 몽타주는 협동적 어울림을 궁극의 목적으로 하는 관계이다.

반면 콜라주는 전체 그림에 구체적 모습을 한 가지로 고정시켜 나타내지 않고 큰 방향만 암시적으로 제시한다. 독락당을 보자.^{사진 114} 액자를 이루는 중문과 담부터 구성요소들의 분산성이 강하다. 풍경요소

114 독락당 측문

담과 지붕, 안채 일부 등 여러 분산적 조각들이 모여 집의 전체 구성을 암시한다.
구체적인 모습을 관찰자의 상상력에 맡겨 두는 콜라주 작용의 좋은 예이다.

의 분산성은 더 심하다. 여러 장의 담이 지그재그식으로 붙어 있다. 이런 액자와 풍경요소가 합해지면서 전체 그림은 조각요소들의 조합으로 이루어진다. 조각요소들의 재조합을 유도하되 그것의 구체적 모습은 관찰자에게 맡겨둔다. 관찰자의 상상력에 자유를 준다는 뜻이다. 콜라주는 중구난방이고 종횡무진이며 뜬금없을 수도 있다. 그러나 콜라주에서도 이런 요소들이 어울려 하나의 풍경을 암시는 할 수 있어야 한다.

몽타주 작용은 풍경요소 내에서만 일어나는 경우와 액자를 포함해서 화면 전체에서 일어나는 경우로 나눌 수 있다. 전자의 경우에는 풍경요소의 종류가 자연물이건 집의 일부분이건 상관없다. 요소들 사이에 주제-변주에 의한 유형학적 관계라는 조건과 이것들이 어울려 구체적 그림을 제시한다는 조건만 만족시키면 된다. 앞에 소개한 오죽헌은 좋은 예이다. 김동수 고택 사랑채도 이와 유사한 구도로 구성된다.[사진 115] 왼쪽은 집의 조각요소이고 오른쪽은 담의 조각요소이다. 중간에는 돌확이 있고 저 너머 뒤쪽에는 지붕의 조각요소 두 장이 겹쳐진다. 이것들이 모두 모여 집의 전경에 대해 몽타주를 이룬다.

후자에서는 액자와 풍경장면 모두가 몽타주를 이루는 구성요소가 된다. 둘이 합해서 하나의 큰 장면을 이룬다. 이런 점에서 족자의 한 형식이다. 차이는 액자와 풍경요소가 일정한 분산성을 유지하면서 동시에 서로 어울려 하나의 큰 그림을 만든다는 점이다.[사진 116] 이를 위해 풍경요소는 자경이어야 한다. 몽타주의 조건을 만족시키기 위해서는 구성요소들 사이에 유사성과 연속성이 있어야 하기 때문이다. 액자 이외에 집의 일부가 풍경요소로 가세한 족자작용에서는 더욱 그러하다. '족자-액자-풍경요소' 사이에 최소한의 공통주제가 바탕에 깔리면서 일

115 김동수 고택 사랑채

액자를 제외하고 풍경요소만으로 몽타주를 이루는 장면이다. 왼쪽의 집 요소와
오른쪽의 담 요소, 그 사이의 돌확 등이 몽타주를 이루는 요소들이다.

116 한규설 대감가 사랑채

족자에 풍경이 들어간 전형적 장면인데 풍경요소의 벽면 분할이 심한데다
사선 방향에서 바라보아 분산적이 되어 몽타주 작용으로 읽힌다.

정한 유사성과 통일성을 확보해야 하는데 풍경요소가 자연물이면 이렇게 되기 힘들다. 하나의 큰 그림을 어느 정도 확정된 상태로 제시하기 위해서는 너무 다르면 안 되기 때문이다.

이런 경우의 몽타주는 문양종합의 개념을 바탕에 갖는다. 족자는 기둥·보·서까래 등의 건축 부재에 의한 구성분할을, 액자는 창살문양을 각각 대표적 조형형식으로 갖는 것이 보통이기 때문에 풍경요소가 자경일 경우 기본특성에서는 일정한 공통점을 갖게 된다. 자경요소도 결국 구성분할이나 창살문양이 대부분이기 때문이다. 용흥궁 안채를 보자.^{사진 117} 기둥과 보, 창틀과 창살문양 등 굵고 가는 다양한 선형요소를 공통매개로 액자와 풍경요소 사이에 통일성 높은 문양효과가 만들어진다.

지붕은 좀 예외적인 경우이다. 액자가 문이면 액자에도 지붕이 들어갈 수 있다. 자경요소가 원경이면 역시 지붕이 들어갈 수 있다. 액자와 자경요소 모두에 지붕이 들어가면 둘 사이에 공통분모가 생기는 것이기 때문에 몽타주가 일어나는 데 유리하다. 둘 중 한 곳에만 들어가면 나머지 요소들 사이의 유사성과 어울림의 정도에 따라 좌우된다. 관건은 최종장면에 나타나는 전체적 분위기의 분산성 여부이다. 이것을 가름하는 기준에 처음부터 정해진 규칙이 있는 것은 아니다. 개별 경우별로 판단해야 하며 그 기준도 다분히 직관적이고 주관적일 수밖에 없다. 하나의 동일한 집 모습이 처음부터 주어진 것처럼 느껴지면 몽타주에 머무는 것이고, 요소들의 조각난 정도가 심해서 머릿속에서 상상

▶ **117** 용흥궁 안채
자경에서 액자와 풍경요소가 모두 창살 중심으로 이루어질 경우
이것들이 서로 어울려 몽타주를 만드는데 이를 문양종합으로 볼 수 있다.

력으로만 전체 모습을 그려볼 수 있다면 콜라주로 넘어간 것으로 봐야 한다.

이처럼 몽타주는 성격을 규정하기가 힘든 모호한 풍경작용이다. 실제로 여러 풍경작용들 사이의 중간상태로 정의할 수 있는 측면이 많다. 먼저 '창 스스로 풍경이 되다'와 콜라주 사이의 중간상태로 볼 수 있다. 문양종합을 바탕으로 가지면서 창과 풍경이 하나가 되는 점에서는 '창 스스로 풍경이 되다' 혹은 '창과 풍경이 하나 되다'와 연장선에 있다. 반면 요소들이 여럿으로 분할된 뒤 재조합에 의해 풍경작용을 만들어내는 점에서는 콜라주와 동일선상에 있다. 결국 이 둘의 특징을 모두 가지면서 어느 한쪽으로 치우치지 않은 중간상태인 것이다.

거울작용과 콜라주 사이에 낀 중간단계로 정의할 수도 있다. 녹우당 측문을 보자.^{사진 118} 문과 풍경요소 사이에 거울작용이 있긴 하지만 거리가 멀기 때문에 유사성이 충분히 드러나지 않는다. 거울작용으로 보기에는 유사성이 완전하지 않은 경우이다. 담과 마당 등 다른 요소들이 개입하지만 분산성 역시 충분하지 않아 콜라주로 보기도 힘든 상태이다. 문과 풍경요소 사이의 관계는 닮음도 분산도 아닌 협동적 어울림으로 나타난다. 서로 어울려 하나의 큰 그림이라는 제3의 상태로 통합작용을 일으킨다.

◀ **118** 녹우당 측문
액자와 풍경요소가 닮기는 했으나 완전한 거울작용이라 할 만큼
유사성이 충분하지는 않다. 콜라주라 하기에도 분산성이 그리 심하지 않다.
거울작용과 콜라주의 중간단계로서 몽타주에 해당된다.

몽타주 놀이와 즐거운 나의 집

그렇다면 왜 한옥은 몽타주 작용이 일어나도록 지었을까. 한 마디로 집과 친해지기 위해서이다. 집이 단독으로 통째로 존재하면 지나치게 딱딱하고 형식적이 된다. 주체로서의 사람과 객체로서의 주변환경으로 양분되면서 이항대립의 관계가 만들어진다. 이런 상태에서 사람들은 집과 친해지거나 하나가 되지 못하고 겨루고 싶어진다. 사람들은 객체화된 대상에 대해서는 그것이 사람이건 자연이건 집이건 상관없이 겨루어 이기고 싶어한다. 본능이기 때문이다. 앞에 얘기한 생존본능으로서의 경쟁심이나 우월의식이다.

사람과 집 사이에 경쟁관계가 형성되면 일상생활이 피곤해진다. 사람은 집에 욕심을 싣는다. 집과 경쟁해서 이긴다는 것은 결국 집을 사람에게 굴복시킨다는 뜻이다. 사람들이 객체와 싸워 굴복시키는 목적은 단 하나, 그것을 이용해서 자기의 이익과 욕심을 채우기 위해서이다. 지배욕·물욕·권력욕 등 종류도 다양하다. 집도 이런 대상이 될 수 있다. 과거의 전제문명 시대에는 집이 부와 권력을 과시하는 수단으로 쓰였다. 자본주의 시대에는 돈 버는 수단이 됐다. 집은 온전한 개체가 되지 못하고 끝까지 수단과 도구로만 남는다.

집은 인격체가 아닌데 무슨 상관이냐 하겠지만 그렇게 간단한 문제가 아니다. 집은 사람과 떨어져 생각할 수 없기 때문에 그 여파가 사람에게 고스란히 되돌아오게 되어 있다. 사람은 평생을 집 속에서 산다. 한시도 떨어질 수 없다. 피부가 일차적 관계요 옷이 이차적 관계라면 그다음은 집이다. 단순히 물리적 관계만 있는 것이 아니다. 상징과 가치관, 마음과 정서 등 온갖 정신적 가치도 함께 돌아간다. 집을 만드는 것은 사람이지만 거꾸로 사람들은 집으로부터 측량하기 힘든 막대한 영향을 받는다.

집과 사람은 대등한 영향관계에 놓여 있다. 사람들은 집을 마음대로 할 수 있다고 생각하지만 그 반작용도 고스란히 받게 되어 있다. 집을 잘 대해주면 집으로부터 복을 되돌려 받지만 잘못 대하면 그 대가를 치러 불행해진다. 너무 쉽고 당연한, 그렇기에 지엄한 세상의 이치이다. 집에 정성을 쏟으며 한 몸 한 마음으로 함께 살아가면 집은 사람에게 더할 수 없이 편한 잠자리와 안정된 심리상태를 제공한다. 반대로 집을 과시와 축재 수단으로만 여기면 집은 사람을 평생 자기욕심에 빠져 허우적거리며 살게 만든다.

한옥은 반가였다. 기본적으로 지배계급의 권위를 과시할 목적을 가진 집이다. 그렇기에 첫인상은 엄숙하고 권위적일 수 있다. 반듯하고 품위가 있을 수는 있으나 자칫 온기와 인정은 없는 것으로 보일 수 있다. 소박하고 해학적인 초가나 민가와 비교하면 더욱 그렇다. 이렇다 보니 대부분의 한옥이 각자만의 개성 없이 모두 비슷비슷해 보일 수도 있다. 특히 비전문가의 눈에는 민속촌의 테마공원식 한옥이나 하회마을의 명품 한옥이나 별 차이 없이 같아 보일 수 있다.

계급의 위계를 표현하려다보니 형식성에 대한 의존이 커졌고 이것이 전형성으로 굳어진 것이다. 한옥끼리의 차이는 다소 섬세하고 정밀할 수 있는데 이것을 식별할 눈과 지식과 마음이 없는 상태에서 여러 한옥을 보다보면 진부해보이기까지 하다. 부담감으로 느껴질 수도 있겠다. 조선시대에는 한옥이 피지배 대상인 농민들 사이에 군림하다보니 더 그랬을 것이다.

집이 이렇다는 것은 집이 그 속에 사는 사람을 대하는 것도 이렇다는 얘기이다. 주체와 객체 사이의 반사작용의 원리에 의해서이다. 객체가 나를 대하는 입장은 곧 내가 객체를 대하는 입장을 반사시킨 것으로 보면 된다. 이 원리는 집과 사람 사이에도 확실하게 형성된다. 한옥을 딱딱하고 권위적으로 지어 형식적으로 보이게 하면 집도 사람을 그렇게 대한다. 집으로부터 즐거움과 친근함을 기대해보지만 결과는 그렇지 못하게 나타난다. 우리가 집을 즐겁고 친근하게 대하지 않는 한 집은 딱딱하고 권위적이며 형식적으로 우리를 대할 뿐이다.

이렇다보니 한옥에 사는 양반들은 집을 친숙한 분위기로 풀어줄 필요를 느꼈을 것이다. 목에 힘주고 "에헴" 하며 근엄한 얼굴로 사는 것도 하루 이틀, 온종일 매일 이렇게 살 수는 없었을 것이다. 사람의 본성이란 계급을 불문하고 상당 부분 같기 때문이다. 양반생활 전반에 무엇인가 놀이기능과 친숙화 작용이 필요했을 것이다. 음주가무에 시를 읊고 난을 치는 학문·예술 활동을 섞어 넣은 것이나 풍류를 즐길 줄 아는 서정활동을 선비의 덕목에 넣은 것 등은 일상생활에서의 좋은 예이다.

몽타주는 집에 이것을 행한 예에 해당된다. 형식화에 매여 딱딱해 보이는 집에 액자의 틀 짜기 기능을 통해 일정한 각색을 가한 것이다. 장식 같은 직접적 사치요소나 부가적 표피요소가 아닌, 당연히 일어나는 건축형식을 통해 기교적 변형을 꾀한 것이다. 틀 짜기가 가해진 집은 작은 요소로 분할되는데 이것은 완결성 강한 형식성을 망가트리는 역할을 한다. 한규설 대감가 안채를 보자.^{사진 119} 중첩을 이용해 풍경 속 집을 조각냈다. 액자의 창살문양이 여러 겹 겹쳐지면서 집은 덩어리에서 조각으로 분해된다. 집을 시각적으로 망가트린 것이다. 악의는 절

119 한규설 대감가 안채

액자 속에서 집은 작은 조각으로 토막이 나는데 이는 집이 지나치게 딱딱하게
보이는 것을 방지하고 집과 함께 친숙하게 어울려 놀기 위한 목적을 갖는다.

대 아니다. 집과 함께 놀고 싶어서이다. 내 몸을 풀어헤쳐 남이 들어올 틈을 만들어 주는 것이다.

망가트린다는 말은 친해지고 싶은 마음을 다소 과격하게 반어법으로 표현한 것이다. 객체와 주체로 양분돼 서로 대립하는 장벽을 허물려는 의도로 한국문화에 특히 많이 나타난다. 술 먹고 같이 망가져야 친해질 수 있다는 생각이 대표적인 예다. 망가져야 위선의 가면 뒤에 숨어 있는 진짜 모습을 보여준 것으로 간주하는 사고방식이다. 그러나 망가지는 것 자체가 목적이 아니다. 망가지는 것은 중간과정일 뿐이다. 분할된 집 모습을 다시 조합하는 과정에서 이득만 취하고 문제점은 고쳐서 복구하자는 것이 몽타주이다.

한번 망가진 것을 복구한 것인데 이것은 망가지기 이전의 처음 상태와는 차별성을 갖는다. 재조합한 것이 본래 모습과 같아질 수는 없는 법이다. 이 과정에서 상상력을 통한 놀이기능이 덧붙여진다. 귀촌종택을 보자.사진 120 족자 속에 집의 일부분이 풍경요소로 들어가 있다. 족자 자체도 일정 정도 가려져 부분적 장면만 보인다. 족자와 풍경요소 모두 분할된 조각상태이다. 최종장면은 이것들을 이어 붙인 모습을 추측해서 얻어진다. 이 과정에서 상상력이 동원되어야 하는데 이것이 뇌에 자극을 주어 정신적·심리적 놀이기능을 유발하는 것이다.

혹은 좀더 간단히 얘기해서 몽타주 과정에서 얻어지는 문양종합 자체가 하나의 재미있는 시각요소일 수 있다. 하회마을 남촌댁 사랑채를 보자.사진 121 액자의 창살문양과 풍경요소의 대청골격이 모두 선형으로 구성되면서 문양종합을 이룬다. 구성미라는 심미작용을 통해 즐거움을 주는 장식조형이다. 이것은 앞에서 말한 한복의 레이어드 룩, 즉 겹

120 귀촌종택 사랑채
액자 속에서 조각난 집을 상상으로 이어붙이는 일은 집과 함께 노는
좋은 방법이다. 대청 너머 보이는 집은 옆면만 살짝 보여주며 몸을 감췄는데
이렇게 감춘 나머지 부분을 추측하는 것이 즐거움을 준다.

121 남촌댁 사랑채
풍경요소를 이루는 창살문양 · 기둥 · 서까래 · 툇마루 난간 등이 모두 선형요소로
구성되는데 이것들을 종합한 몽타주는 장식기능을 통해 시각적으로 놀이효과를 준다.

쳐 입기에 비유할 수 있다. 혹은 레이어드 룩 이전에 먼저 생기는 '색동'에 대응된다. 색과 형상 등을 다양화시킨 뒤 이것들을 조각요소로 만들어 이어붙임으로써 문양을 종합한 효과를 얻어내려는 한국인 특유의 조형의식인 것이다.

콜라주
서로 다른 조각들이 하나를 암시하다

병풍과 콜라주 사이

콜라주는 서양 현대회화에서 완성된 기법이다. 여러 개의 조각장면들을 이어 붙이거나 짜깁기해서 하나의 큰 그림을 만드는 기법이다. 조각장면들은 각자 독립성을 유지해야 한다. 서로 다른 요소들을 모아놓은 것이라는 느낌이 유지되어야 한다는 뜻이다. 그러나 완전히 달라서는 안 되고 가급적 동일한 주제와 특징을 갖는 것이 좋다. 더 중요한 것은 이것들이 모여서 만드는 전체 그림의 성격이 하나의 큰 스토리를 만들어야 한다는 점이다. 조각요소들을 재조합해서 결합하는 단계까지가 콜라주에 포함된다. 단순히 이질적 요소들을 모아 놓은 것이면 '혼성'이나 '임의성'의 범주로 넘어가게 된다. 반대로 완전히 다른 요소들을 모아 놓더라도 전체 스토리를 만들어내면 콜라주의 범위 내에 머문다.

한옥에는 이런 콜라주가 중요한 풍경작용으로 나타난다. 콜라주는 새로운 풍경작용은 아니다. 앞에서 소개한 여러 풍경작용들이 분산적이 되면서 나타나는 현상이다. 좀더 복잡해졌다는 뜻이다. 한국문화,

나아가 동양문화의 특징인 가변성이 여러 풍경작용에 걸쳐 일어난 경우에 해당된다. 풍경작용을 변화무쌍하게 만들려다보니 생겨난 현상이다. 콜라주의 출발점을 이루는 풍경작용들로 병풍 · '창 스스로 풍경이 되다' · 중첩 등을 들 수 있다. 이런 일차적 풍경작용들에 가변성 개념이 더해져 이차적 풍경작용으로 발전한 것을 콜라주라 할 수 있다.

한옥의 풍경작용에서 콜라주는 병풍작용을 출발점으로 갖는다. 여러 개의 작은 조각풍경들로 하나의 큰 풍경이 만들어진다는 점에서 콜라주의 일차적 조건을 만족시킨다. 여기에 분산성이 일정 선 이상으로 강해지면 콜라주로 발전한다. 분산성이 너무 심해도 안 된다. 콜라주의 또 다른 성립 조건인 '하나의 큰 스토리'를 만들지 못하기 때문이다. 재조합과 결합의 여지는 남겨 두어야 한다. 그 이상이 되면 바로크로 넘어간다.

병풍과 콜라주를 구별하는 분산성의 기준은 다음의 두 가지로 요약할 수 있다. 하나는 창의 개수와 창 사이에 서로 닮은 정도이다. 창이 다르면 분산성이 강해지면서 병풍의 반복적 특성이 깨지기 시작한다. 창이 여러 개이면서 서로 다르다면 액자가 여러 종류인 셈이고 이것은 곧 액자가 제한하는 틀 짜기 작용이 다양한 것이 된다. 결과적으로 만들어지는 풍경이 다양해진다. 다양성과 분산성이 어느 선 이상을 넘으면 콜라주가 된다.

창이 두 개이면서 서로 닮았으면 콜라주는 나타나기 어렵다. 두 개이면서 서로 다를 경우 역시 콜라주까지는 나아가지 않는 경우가 더 많다. 콜라주의 성립조건인 '여러 개의 조각'에 미치지 못하기 때문이다. 이 경우는 변형 병풍에 머문다. 그러나 풍경요소가 산만하면 콜라주가 될 수도 있다. 한규설 대감가 안채와 향단을 비교해보자.^{사진 122, 123} 둘

122 한규설 대감가 안채

액자의 모양이 같지만 그 속에 담긴 풍경요소는 완전히 다르다.

이럴 경우 콜라주로 보기는 어려우나 풍경요소가 서로 다르기 때문에

어느 정도 콜라주 효과를 낼 수는 있다.

123 향단 사랑채
액자 두 개의 모양은 서로 다른데 그 속의 풍경은 유사하다.
이 경우 콜라주까지 발전하지 못하고 변형 병풍에 머문다.

다 창이 두 개인데 풍경요소의 상태가 서로 반대이다. 한규설 대감가
에서는 창의 모양은 같은데 풍경요소가 서로 다르다. 반면 향단에서는
풍경요소는 한 가지인데 창이 서로 다르다. 두 경우 모두 콜라주의 경
계선에 있으나 완전한 콜라주로 보기는 어렵고 변형 병풍에 가깝다.
다만 한규설 대감가의 경우 두 개의 풍경요소 가운데 하나는 인공물,
다른 하나는 자연물로 대립성이 강하기 때문에 조금 더 콜라주적이라
고 할 수 있다. 향단의 창에 한규설 대감가의 풍경요소를 합한다면 콜
라주가 될 수 있다.

창이 세 개 이상이면서 서로 다르면 병풍으로 보기에는 너무 분산적

124 김동수 고택 사랑채
세 개의 액자와 그 속에 담긴 풍경이 서로 적당히 다르면서 동시에 적당히 닮았다.
이 경우 변형 병풍을 넘어 콜라주 단계로 진입한 것으로 볼 수 있다.

이다. 이때부터는 콜라주로 넘어간다고 보면 된다. 김동수 고택 사랑
채를 보자.^{사진 124} 대청에 두 개의 액자가 나 있고 그 옆방 창이 액자 하
나를 더 만들고 있다. 총 세 개의 액자이다. 대청 액자 두 개는 크기가
서로 다르고 액자 속 풍경도 서로 다른데 이것이 분산성을 만든다. 옆
방 창 액자는 방문을 통해서 들여다보는 형편이기 때문에 부분적으로
보일 뿐 아니라 대청 액자와 좌표 위치가 어긋나 보인다. 이것 역시 분
산성을 만들어내는 현상이다. 이상의 상황들이 합해지면서 콜라주를
만들기에 충분한 조건들을 갖춘다. 액자의 개수와 분산성 모두 충분
하다.

다른 하나는 창과 창 사이의 여백이다. 여백이 너무 적거나 아예 없으면 작은 풍경들이 서로 붙어버려 병풍에 머물기가 쉽다. 대청 앞면을 보았을 때 기둥 열이 풍경을 분할하는 경우가 대표적이다.사진 56, 107 큰 풍경 하나에 가느다란 선을 그어 나눈 것에 가깝다. 이때에도 풍경 장면들이 완전히 다르면 병풍에서 벗어날 수도 있으나 대부분은 하나의 긴 장면을 단순분할한 경우이기 때문에 병풍에 머물게 된다. 작은 풍경 하나하나가 일정한 독립성을 가져야 콜라주가 된다.

반대로 여백이 너무 크면 작은 풍경들을 하나로 묶을 수가 없기 때문에 병풍이 되기는 어렵다. 각자 독립적 장면으로 남기 쉽다. 작은 창을 통해서 보이는 풍경들 사이에 유사성과 연속성도 크게 약해진다. 병풍은 작은 장면들이 서로 비슷하면서 연속적으로 이어져야 한다. 이처럼 여백이 큰 경우는 콜라주가 될 가능성이 높으나 항상 콜라주가 되는 것은 아니다. '분산성과 재조합'의 조건을 만족시켜야 한다.

용흥궁 안채를 보자.사진 125 창이 두 개인데 일단 창 사이 여백이 적절하다. 여기에 분산성이 추가되면서 병풍의 단계를 넘어 콜라주 장면이 나타나고 있다. 두 액자 속의 서로 다른 풍경요소가 분산성을 만든다. 왼쪽 창은 절반 정도가, 오른쪽 창은 3분의 2 정도가 각각 닫혀 있는데 서로 다른 창살문양이 분산성을 배가시킨다. 오른쪽 창 속 자경요소, 즉 대청 건너편 방의 창살문양은 또 다른 종류이다. 왼쪽 창의 자경요소가 마지막으로 가세하면서 문양종합의 단계를 넘어선다. 이상이 합해지면서 심하게 흐트러지지는 않았지만 콜라주가 나타난 것으로 볼 수 있다.

대문도 병풍과 콜라주의 경계에 해당되는 지점이다. 대문에서 일정한 거리를 떨어져 풍경을 보는 경우에, 대문에 바짝 붙을 때와는 구별

125 용흥궁 안채
액자는 두 개뿐이지만 두 액자와 그 속의 풍경, 그리고 액자 사이의 여백 등의
분산성이 합해지면서 초보 수준의 콜라주가 나타난다.

되는 풍경작용이 일어난다. 솟을대문을 예로 들어보자. 문에 바짝 붙을 때에는 풍경요소가 자연물이면 단순 차경이, 집의 일부이면 거울작용이나 문양종합이 각각 일어난다. 발걸음을 뒤로 돌려 대문에서 멀어지면 이런 풍경작용들이 깨지면서 병풍작용이 일어난다. 병풍을 만들어내는 주역은 문 속으로 보이는 풍경요소이다. 문이 닫혀 있을 경우에는 '행랑채–담–문'으로 구성되는 단순 전경만이 만들어지고 별도의 풍경작용은 일어나지 않는다. 그러나 문이 열리면서 문 속에 풍경요소가 담기면 이질적 요소가 개입되면서 병풍작용이 일어난다. 병풍 한 폭이 만들어진다는 뜻이다.

작은 변화지만 그 효과는 크다. 문 속의 풍경요소가 집의 일부분이면서 구성이 복잡할 경우 분산성을 유발하면서 콜라주 작용을 일으킬 수도 있다. 행랑채·담·문 등 액자를 구성하는 요소와 이질성과 유사성을 동시에 갖는 경우이다. 이질성은 분산성을 만들기 위한 조건이다. 이질성이 없으면 자경에 머물고 만다. 이질성이 있을 때 액자를 구성하는 요소와 풍경요소가 다르게 읽히면서 '여러 개의 조각'이라는 콜라주의 조건을 만족시키게 된다.

이질적이기만 해서는 안 된다. 유사성도 함께 있어야 '재조합에 의해 하나의 큰 스토리를 만든다'는 콜라주의 또 다른 조건을 만족시키게 된다. 따라서 대문에서의 콜라주는 차경에 의해서는 만들어지기 힘들다. 솟을대문에서는 밖에서 안을 들여다보는 경우가 여기에 해당된다. 요컨대 '거리와 자경'이 대문에서 콜라주를 일으키는 조건이다. 이 조건만 지키면 안대문이나 중문에서도 콜라주를 만들어낼 수 있다.

양진당 솟을대문을 보자.^{사진 126} 문 속에 사랑채의 모습이 부분적으로 보인다. 창의 반복으로 구성된 몸통이 지붕을 이고 있는 모습이다.

126 양진당 솟을대문

일정한 거리를 떨어져서 솟을대문을 보기 때문에 거울작용은 약해지는 대신
대문 속 사랑채 모습과 함께 행랑채 전체가 눈에 들어오면서 콜라주가 형성된다.

지붕을 중심으로 보면 솟을대문의 지붕에 대해 거울작용이 일어난 것

으로 볼 수도 있다. 그러나 이보다는 콜라주에 가깝다. 일단 멀리서 풍

경을 보기 때문에 거울작용 효과가 축소된다. 더 중요한 것은 솟을대

문과 행랑채의 다른 부분들이 이 이질요소 하나에 대해 조형적 관계를

맺으려 든다는 점이다. 이에 따라 행랑채·담·문 등도 독립적 조형요

소가 되면서 병풍을 형성한다. 솟을대문 전경은 하나의 큰 병풍으로

읽힌다. 이때 풍경요소가 집의 일부분인 자경이면 행랑채·담·문 등

과 유사성이 커지면서 병풍을 만들기가 쉬워진다. 자연물이라도 안 될

건 없다. 자연물이면 행랑채·담·문 등은 족자로 읽히고 자연물만 풍

127 한규설 대감가 사랑채

문을 옆에서 사선 방향으로 보면 윤곽이 찌그러지면서 긴장이 일어난다.
이런 문이 두 개일 경우 풍경은 조각나면서 콜라주의 초기 조건을 만족시킬 수 있다.

경요소로 읽힌다. 큰 인공족자 속에 풍경화 한 폭이 담긴 형국이 된다.

'창 스스로 풍경이 되다'에서 콜라주로

콜라주에서 분산성을 만들어내는 출처는 액자와 풍경요소 둘로 나눌 수 있다. 액자는 풍경요소를 작은 조각들로 나누는 작용을 한다. 액자가 분산성을 만들어내는 대표적인 경우는, 긴 벽면에 창이 여러 개 난 방 안 한쪽 구석에서 옆으로 창을 바라볼 때이다. 이 경우 분산성을 만드는 요인은 사선에 의한 형태왜곡과 긴장감이다. 창이 마름모꼴이 되고 시선은 일소점 투시도 형식으로 모아지면서 액자가 변형되는 형태왜곡이 일어난다. 액자의 왜곡은 그 속에 담기는 풍경장면에 긴장감을 불러일으킨다. 액자 윤곽에 일어나는 점증과 점감의 정도가 급해지면서 작은 풍경들 사이의 연속성은 끊기고 각 풍경은 개별요소로 인식된다. 전체 풍경은 이런 개별요소들을 다시 모아 짜 맞추는 형식으로 이루어진다. _{사진 127}

이런 현상은 병풍과 '창 스스로 풍경이 되다' 두 경우가 복잡해진 것으로 볼 수 있다. 이 둘과 콜라주와의 차이는 분산성의 정도인데, 이것을 만들어내는 조건은 창의 개수와 시선의 각도이다. 병풍과의 차이는 시선의 각도이다. 병풍과 콜라주 모두 창의 개수가 여러 개인 점에서는 같다. 병풍이 이것을 중앙에서 똑바로 바라보는 것인데 반해 콜라주는 옆에서 사선 방향으로 바라볼 때 일어난다. 창이 여러 개라도 풍경을 나누는 형식이 규칙적이고 이것을 바라보는 위치가 방 중앙이라면 병풍에 머문다. 콜라주는 위치를 옆으로 옮겨 액자 형태를 변형시킨다. _{사진 128}

128 | 청풍 후산리 고가
세 장면을 합하면 병풍이 되는데 여기에서는 분산성이 더해지면서 콜라주가 된다.
시선의 각도가 사선 방향이 되면서 액자 형태에 왜곡이 생긴 경우이다.

    '창 스스로 풍경이 되다'와의 차이는 창의 개수이다. '창 스스로 풍
경이 되다'와 콜라주 모두 사선 방향에서 풍경을 바라보는 점은 같다.
다만 '창 스스로 풍경이 되다'는 창이 하나이다. 창의 개수가 여러 개라
서 풍경이 파편처럼 조각나면 콜라주 단계로 넘어간다. 여기에 모양 ·
크기 · 위치 등까지 서로 다르면 분산성이 강화된다. 십자축 구도의 일
부가 깨진 것으로 느껴지기 때문이다. 더 심해지면 풍경은 규칙성에서
완전히 벗어나 파편이 튀듯 임의적으로 배치된다. 마지막으로 풍경요
소마저 모습과 구성이 복잡하면 콜라주 작용이 배가된다.^{사진 129} 이 위
치에서 옆으로 창을 보면 언제나 사선 구도가 형성되기 때문에 이런 식

129 한규설 대감가 안채
서너 종류로 다원화된 창이 바깥 풍경요소와 함께 혼재되며
분산성을 확보한다. 풍경요소들은 모두 문양을 공통매개로 삼아
최소한의 동질성도 갖추어 콜라주 조건을 만족시킨다.

의 콜라주 작용은 항시적이라 할 수 있다.

　창이 규칙적으로 난 경우라도 개수가 많으면 콜라주가 되기 쉽다. 이를테면 창이 세 개 이상이면 콜라주를 만들 확률이 훨씬 높아진다. 관찰자의 위치에서 소실점까지의 거리가 멀어지면서 시선의 점증과 점감이 충분히 일어나기 때문이다. 형태왜곡, 사선의 긴장감, 액자와 풍경의 개별화 현상 등이 모두 충분히 일어나 콜라주 조건을 만족시킨다. 창이 두 개면 경우에 따라 다르다. 둘이 서로 다른 정도와 풍경요소의 상태가 중요한 변수가 된다. 창 두 개가 같으면서 풍경요소도 반듯하거나 단순하면 몽타주나 문양종합에 머문다. 창이 같으면서 풍경요소가 복잡하거나, 반대로 창이 다르면서 풍경요소가 반듯하거나 단순하면 콜라주가 될 수도 있다. 창이 다르면서 풍경요소까지 복잡하면 콜라주가 일어난 것으로 볼 수 있다.

창이 한 개라도, 반쯤 닫혀서 창이 두 개인 것과 같은 조건이 되면 콜라주의 초기 상태가 나타난다. 창이 반쯤 닫힌 상태에서 닫힌 쪽 구석에 치우쳐서 창을 바라보면 풍경요소가 세 개로 나누어진다. 열린 창을 통해서 보이는 바깥 풍경요소, 닫힌 창의 창호지에 햇빛이 들면서 생기는 창살문양, 족자에 해당되는 창 주변의 건물부분이다. 풍경요소가 여럿으로 분화되면서 풍경요소의 독점력이 떨어지는데 이 대목이 콜라주가 시작되는 것으로 볼 수 있는 조건이다. 창과의 공존 의존도가 높아지면서 '창과 풍경이 하나 되다'가 된다. 여기에 분산성이 더해지면서 콜라주가 일어난다.

윤증고택 사랑채를 보자.^{사진 130} 콜라주의 백미이다. 액자는 세 개인데 모양과 위치가 각각 다르다. 같은 벽면에 난 창들이 아니라 육면체의 세 면에 하나씩 난 창들이기 때문이다. 세 액자 모두 절반쯤 닫혀 있는데 문의 상태가 제각각이다. 바깥 풍경요소도 다르다. 액자가 육면체의 세 면에 나 있어서 마주하는 외부환경이 다르기 때문이다. 화면 전체를 이루는 건물골조는 족자로 읽힌다. '세 개의 액자, 다섯 장의 문짝, 세 개의 바깥 풍경요소, 대청의 골조가 만드는 족자' 등이 합해져 콜라주를 이룬다.

액자 사이 여백의 건축적 처리도 중요하다. 여백을 그냥 흰 회벽으로 놔두면 콜라주가 되기 어려울 수 있다. 액자가 만들어내는 분산성이 약할 경우 여백의 역할도 중요해지기 때문이다. 액자만의 분산성이 충분하면 여백에 건축적 처리를 하지 않아도 콜라주가 될 수 있다. 앞에 살펴본 청풍 후산리 고가나 한규설 대감가 안채는 좋은 예이다.^{사진 128,} 129 이때에는 액자의 조각풍경 자체에 대한 시각적 집중도가 높아질 수 있다. 담백하면서 조각풍경 중심으로 콜라주가 일어나는 경우이다. 여백에 일정한 건축적 처리가 가해져서 족자가 만들어진 경우 콜라주가 일어날 확률은 높아진다. 액자의 분산성이 조금 약하더라도 족자까지 풍경요소로 가세하면서 풍경이 조각나는 정도가 배가되기 때문이다.

액자만의 분산성이 충분하면서 족자까지 가세하면 제일 복잡한 콜라주가 된다. 풍경 자체에 대한 집중도는 떨어지지만 풍경요소는 서로 다른 수많은 조각들로 분산된다. 이 경우는 두 개의 콜라주를 합해놓은 것으로 읽힐 수도 있다. 풍경요소만의 콜라주와 족자의 콜라주이다.^{사진 131} 두 부분은 서로서로 콜라주를 유발한다. 풍경요소는 족자에 의해 조각나면서 콜라주가 된다. 거꾸로 건물 여백도 액자에 의해 조각나면서 콜라주가 된다. 두 부분은 각각 하나의 독립적 콜라주가 된다. 최종장면은 두 종류의 콜라주가 합해진 모습으로 나타난다.

중첩과 어긋남이 만들어내는 콜라주의 향연

이보다 좀더 복잡한 콜라주로 앞뒷면에 각기 두 개 이상씩의 창을 갖는 방을 밖에서 들여다보는 경우를 들 수 있다. 방 밖에서 창을 통해 방을 가로질러 반대편 창을 보는 경우이다. 이 경우 분산성을 만드는 요인은 중첩과 어긋남이다. 창이 앞뒤로 하나씩만 있는 방일 경우 이

▼ **130** 윤증고택 사랑채
액자의 개수와 서로 다른 정도, 그 속에 담긴 풍경, 액자 사이의 간격 등
모든 면에서 최상의 조건으로 콜라주의 백미를 이룬다.

131 김동수 고택 사랑채
액자와 풍경요소가 각각 콜라주 작용을 일으킨다. 액자는 사랑채 골조가 분산되면서
콜라주를 이룬다. 풍경요소는 행랑채와 담과 마당 등으로 분산된다.
두 콜라주가 합해진 최종장면은 윤증고택 사랑채와 함께 콜라주의 백미이다.

지점은 기본적으로 중첩이 일어나는 위치이다. 창이 여러 개이면 얘기
가 달라진다. 대청 뒷마당에서 뒷면 창을 통해 앞쪽을 보거나 창을 여
러 개 갖는 긴 방 밖에서 창을 통해 반대편 창을 보는 경우 등이 대표
적인 예이다. 풍경작용을 일으키는 건축적 조건은 두 경우가 같다. 그
러나 이 경우에는 중첩을 넘어 콜라주가 일어난다. 중첩은 중첩이되
액자의 개수·방향·구도·형태·크기 등이 매우 분산적이 되기 때문
이다.

이때 콜라주가 되려면 중첩과 어긋남이 동시에 일어나야 한다. 병풍
은 여러 개의 풍경요소가 앞뒤 거리차이 없이 동일 선상에 놓이는 경우

290

이기 때문에 이것들 사이에서는 중첩이 일어나지 않는다. x-y좌표에서 x축 한 방향 위에만 놓인다는 뜻이다. 반면 거리차이가 나면 중첩이 일어나면서 콜라주가 성립되기에 훨씬 유리해진다. 중첩이라고 모두 콜라주가 되는 것은 아니다. 중첩과 콜라주의 차이는 어긋남의 유무에 달려 있다. 중첩은 하나로 고정된 풍경장면에 액자가 앞뒤로 겹쳐진 경우를 말한다. 액자들 사이에는 원근법의 원리에 의해 크기 차이만 날 뿐 어긋남이 없다. x-y좌표에서 y축 한 방향 위에만 놓인다는 뜻이다. 반면 콜라주에서는 액자와 풍경요소가 x축과 y축 양방향 모두로 분산되어 놓인다. 중첩되면서 동시에 서로 어긋난다. 창덕궁 연경당 안채는 이것을 대표하는 예이다.^{사진 132}

풍경을 조각내며 그 사이를 메우는 건물부분은 족자작용을 통해 콜라주 요소가 될 수 있다. 액자와 풍경요소가 분리되지 않고 뒤섞여 함께 작용한다는 뜻이다. 혹은 액자도 풍경요소로 작용한다는 뜻이다. 이 대목에서 족자 개념이 개입된다. 건물부분도 독자적 조형성을 확보하면서 콜라주를 이루는 요소가 될 수 있다. 자경인 경우 특히 그러하며 차경인 경우도 가능하다. 이것은 콜라주가 중첩이나 병풍과 구별되는 차이점이다. 중첩과 병풍 모두 정리된 질서의 개념을 어느 정도 갖는데 이를 위해서는 액자와 풍경요소 사이에 일정한 분리를 전제조건으로 한다.

반면 콜라주에서는 액자, 즉 건물부분도 훌륭한 콜라주 요소가 될 수 있다. 재조합에 의해 큰 스토리를 만드는 데 방해만 되지 않으면 된다. 하부 조각요소들의 개수와 종류에 처음부터 가해지는 제한이 없다. 콜라주는 십자축 중심의 전통적 질서 구도에서 벗어나면서도 바로크의 완전 분산으로까지는 넘어가지 않는 양면성을 동시에 갖는 상태이다.

132 창덕궁 연경당 안채
관찰자 쪽 액자와 반대편 벽면의 액자가 서로 어긋나면서
조각요소를 만들어내고 있다. 중첩되면서 동시에 서로 어긋난다.

133 한규설 대감가 행랑채

'ㅁ'자형 안마당 중간에 서서 'ㄱ'자로 꺾인 모서리를 바라보면 양옆으로 찌그러진 액자가 만들어진다. 이것이 액자 옆의 몸통부분과 합해지면서 콜라주를 이룬다.

'재조합에 의해 하나의 큰 스토리를 만든다'는 전제조건 내에서 분산적이 될 수 있는 한계점을 즐긴다. 이때 건물부분은 좋은 자원이다. 족자 개념을 더욱 적극적으로 해석해서 활용한 경우이다.

한규설 대감가 행랑채를 보자.사진 133 'ㄱ'자로 꺾인 두 면이 각각의 액자를 갖고 있다. 두 면 모두 큰 액자 하나씩을 갖고 있는데 왼쪽 액자는 반쯤 닫혀 있고 오른쪽 액자는 열려 있다. 두 액자는 위치·크기·형상 등이 상당히 다를 뿐 아니라 그 속에 담긴 풍경도 완전히 다르기 때문에 콜라주가 될 기본조건을 갖추었다. 다만, 그 위치가 너무 떨어져 있어 '재조합에 의한 스토리 형성' 조건에 못 미친다. 이 조건을 충족시키는 것이 액자에서 일어나는 콜라주 작용이다. 두 벽면은 풍경에 의해 분절되면서 별도의 콜라주를 만든다. 액자와 풍경은 서로서로 상대방이 콜라주가 되게끔 작용을 하고 있다.

중첩에서 콜라주로 발전하는 또 다른 경우로 문이 액자작용을 하는 상황을 들 수 있다. 문을 통해 자경을 보았을 때 이것이 거울작용으로 나타나지 않고 콜라주로 나타나는 경우이다. 자경요소에서 지붕이 주도적 위치를 차지하면 문의 지붕과 짝을 이루어 거울작용이 나타난다. 그러나 창살문양이나 벽의 구성분할이 자경요소의 중심적 역할을 하는 경우에는 다르다. 자경요소가 복잡하지 않으면 문양종합이나 몽타주가 나타나고, 어느 선 이상으로 복잡해지면 콜라주로 발전한다.

콜라주를 이루는 구성요소는 문, 즉 액자와 풍경요소 모두이다. 둘 사이에 이질성과 유사성의 양면적 관계가 유지되면 콜라주 작용이 일어날 수 있다. 유사성이 크면 자경이나 문양종합에 머물지만 이질성도 일정부분 함께 가지면 콜라주가 될 수 있다. 북촌댁 솟을대문은 그 경계선에 머문 예이다.^{사진 134} 이때 문과 자경요소 사이에 공간 켜가 가급적 옅을수록 콜라주가 일어나는 데 유리하다. 공간 켜가 두꺼우면 문과 자경요소가 분리되어 별도로 인식되는데 이때의 풍경작용은 중첩에 해당된다. 콜라주에 필요한 재조합의 기능이 떨어진다는 뜻이다. 문의 부재와 자경요소의 부재가 뒤섞여 함께 조각요소로 작동해야 재조합이 일어난다. 이를 위해서는 문과 자경요소 사이의 거리가 지워져

▶ **134** 북촌댁 솟을대문
풍경요소는 '기단-계단-퇴-회벽-창-지붕 일부'로 이루어졌는데 문이 빠졌다.
액자를 이루는 대문이 여기에 가세하면 한옥의 기본세트가 완성된다.
이 같은 기본세트 개념은 '재조합에 의한 스토리 형성'이라는 콜라주 조건에 해당된다.

두 부분의 조각요소들이 하나로 어울려야 한다.

대청: 중첩 콜라주의 대표적 공간

어긋난 중첩이 콜라주로 발전하는 대표적 장소로 대청을 들 수 있다. 거꾸로 콜라주는 대청의 건축적 심미성을 제일 잘 보여주는 현상이기도 하다. 대청은 사랑채나 안채의 중심공간이면서 네모반듯한 형태를 갖는 등 정형적인 것으로 생각하기 쉬우나 풍경작용은 의외로 매우 분산적이다. 이런 현상을 풍경작용의 관점에서 종합적으로 정리한 개념이 콜라주이다.

대청 뒷면 창에서 앞을 바라보는 경우를 예로 들어보자. 내 쪽 창을 하나로 국한시키는 경우와 두 개로 늘리는 두 경우로 나눌 수 있다. 하나로 국한시키는 경우는 위치를 한쪽 창에 치우쳐 잡은 뒤 창에 바짝 붙어서 앞을 들여다볼 때이다. 이때 시선을 똑바로 잡으면 반대편, 즉 대청 앞쪽에 액자가 하나만 만들어져 콜라주가 되지 못하고 중첩에 머문다. 몸을 옆으로 틀어 사선 방향에서 대청 앞면 전체를 보게 되면 중첩은 깨지고 콜라주로 넘어간다.

이것을 방 안이 아닌 방 밖에서 보게 되므로 분산성이 더 강화된다. '어긋남'이 일어나기 때문이다. 김동수 고택 사랑채를 보자.사진 135 대청 위 한쪽 구석에서 사선으로 앞면을 바라볼 때 형성되는 형태왜곡과 긴장감을 밖에서 창 한 겹이 더 싸게 되면서 둘 사이에 어긋남이 발생한다. 대청 앞면 풍경이 둘로 나뉘고 변형이 한 번 일어난 위에, 내 쪽 액자에 의해 잘리고 가리는 등의 변형이 추가로 일어난다.

두 개로 늘리는 경우는 하나로 국한시키는 경우보다 분산성이 강화

135 김동수 고택 사랑채

사랑채 대청 뒷마당에서 창을 통해 앞쪽을 보되 옆으로 비켜서서 보면
액자들 사이에 어긋남이 생기면서 콜라주 작용이 일어난다.

136 정여창 고택 안채

대청 뒷마당에서 약간 뒤로 물러서서 창 두 개가 모두 시야에 들어오게 하면
풍경 개수가 늘어나면서 콜라주를 이룬다.

되면서 콜라주를 더 확실하게 만들어낸다. 두 개로 늘리는 경우도 관찰자의 위치에 따라 다시 두 가지로 나눌 수 있다. 두 창 사이의 중간지점에 위치한 경우와 앞과 같이 한쪽 창에 치우친 경우이다. 중간지점의 경우 전체 구도는 일단 십자축의 안정감을 갖게 된다. 정여창 고택 안채를 보자.사진 136 창의 형태는 온전한 사각형 형태를 유지하고 창 배치도 좌우대칭에서 벗어나지 않는다. 창과 풍경 모두 십자축 구도 안에 들어온다. 그러나 액자의 개수가 많아지면서 풍경이 잘게 조각난다.

액자는 내 쪽 뒷면에 두 개, 대청 앞면에 두 개, 총 네 개가 된다. 뒷면 액자와 앞면 액자는 서로 어긋나면서 뒷면 액자가 앞면 액자를 가리게 된다. 중첩이되 어긋난 중첩이다. 중첩은 하나의 고정된 풍경장면에 액자가 여러 개 겹쳐진 경우이다. 콜라주도 중첩을 기본조건으로 갖기는 하지만 추가조건을 더 갖는다. 풍경요소가 여럿으로 조각나면서 분산되어야 한다. 액자가 분산되면 풍경도 따라 분산된다. 분산된 액자와 풍경이 앞뒤로 거리차이를 가지면서 중첩과 어긋남이 함께 일어나면 콜라주가 된다.

어긋남은 곧 가림을 유발한다. 뒷면의 내 쪽 액자가 앞면 액자를 가린다. 가리는 정도는 나와 뒷면 액자 사이의 거리에 따라 달라진다. 뒷면에서 멀리 떨어질수록 액자를 바라보는 시선 각도가 예각이 되면서 가리는 정도가 적어진다. 반대로 뒷면에 가까이 갈수록 시선 각도가 점점 둔각이 되면서 가리는 정도가 심해진다. 그러다 어느 시점부터는 완전히 어긋나 액자는 더 이상 풍경을 담지 못하게 된다. 여기서부터는 콜라주가 성립되지 못한다.

한옥의 대청 뒷면은 뒷마당인데 폭이 크지 않은 경우가 대부분이기 때문에 관찰자가 멀리 떨어지는 데에는 원천적으로 한계가 있다. 그러

137 김동수 고택 사랑채
대청 뒷마당에서 대청을 가로질러 앞쪽을 보면 기둥이 한정하는
액자와 창이 합해지면서 콜라주가 일어난다.

나 뒷마당 폭이 허용하는 한계에서 담 끝까지 가면 완전히 어긋나는 상
황은 피할 수 있게 된다. 이처럼 중간지점에서는 어긋남을 통해 풍경의
가리는 정도를 조절할 수 있다. 풍경이 가려진다는 것은 조각난다는 뜻
이고 이것은 콜라주의 성립조건인 '여러 개의 작은 조각'을 만족시키게
된다. 이렇게 조각난 작은 풍경들을 재조합해서 하나의 큰 풍경을 만들
수 있으면 콜라주가 성립된다. 김동수 고택 사랑채를 보자.^{사진 137} 대청
뒷면 창과 옆방 창이 합해지면서 액자가 세 개 만들어져 있다. 대청과
방은 액자가 만들어내는 풍경작용의 조건이 다르기 때문에 전체화면
에는 그만큼 분산성이 강해진다. 콜라주를 만들기에 좋은 조건이다.

138 김동수 고택 안채

형태왜곡과 긴장감이 대청 뒷면과 앞면에서 두 번에 걸쳐 일어난다. 콜라주를 유발하는
상황이 총집합되는 상황으로, 바로크로 넘어가는 경계선이라 할 수 있다.

　한쪽 창에 치우친 경우 몇 발짝 물러서서 시선을 사선 방향으로 잡으
면 대청 뒷면 전체가 시야에 들어온다.^{사진 138} 이때 뒷면의 창 두 개 모
두를 비스듬한 각도로 보게 되는데, 최종적으로는 이 두 개의 창을 통
해 대청 앞면의 풍경을 보게 된다. 분산성이 제일 심하게 드러나는 경
우이다. 사선에 의한 형태왜곡과 긴장감이 대청 뒷면과 앞면에서 두
번에 걸쳐 일어난다. 여기에 어긋남에 의한 조각내기가 더해진다. 콜
라주를 유발하는 상황이 총집합될 뿐 아니라 여러 번에 걸쳐 중복된
다. 분산성이 강하기 때문에 바로크로 넘어가는 경계선이기도 하다.
액자 자체가 매우 분산적이 되며 풍경도 이에 따라 함께 분산적이 된

다. 마치 파편을 뿌려놓은 것처럼 보인다. 이때 파편 조각들이 하나의 큰 풍경을 만드는 것으로 읽힐 수 있으면 콜라주가 된다. 재조합의 힘이 약하면 바로크로 넘어간다.

비빔밥 철학을 건축적으로 형식화하다

그렇다면 왜 한옥에서는 콜라주가 일어나게 했을까. 그 해답은 부분들의 조합으로 전체를 구성하기를 좋아하는 한국의 민족성에서 찾을 수 있다. 병풍은 좋은 예이다. 병풍 개념이 콜라주의 출발점을 이룬다는 사실은 시사적이다. 음식에서는 구절판을 유사한 예로 볼 수 있다. 음식을 그릇에 담을 때부터 병풍처럼 여러 요소가 연속적으로 배치된다. 쌈 싸먹기도 유사한 경우이다. 병풍과 구절판보다 분산성이 더 강화된 예가 한복의 겹쳐 입기와 비빔밥이다. 큰 하나보다 몇 가지 부분요소의 혼성으로 총합을 구성하고 싶어하는 한국 특유의 민족 정서이다.

왜 이런 문화가 발달했을까. 최종결과를 대상에게 맡겨놓으려는 정서에서 그 해답을 찾을 수 있다. 앞에 언급한 한국적 어울림 혹은 포스트모더니즘의 타자 개념이다. 더 확장하면 한국적 상대주의의 전형적 예이기도 하다. 사람이 계산하고 조절할 수 있는 능력 이외의 눈에 안보이는 힘의 작용을 끌어들여 의탁하려는 세계관의 산물이다. 한복에서 여러 층이 겹치다보면 자기들끼리의 어울림 작용으로 예상하지 못했던 결과와 효과를 만들어낸다.

이는 비빔밥에서 더 잘 확인된다. 다양한 재료가 섞이다 보면 맛·향·색·영양성분 등 여러 측면에서 재료들끼리 화학반응이 일어나 예상하지 못했던 결과가 만들어진다. 모든 것을 사람이 계산하고 정하고 예측한 대로 나타나게 하지 않겠다는 의도이다. 사람이 원하는 대로만 조리하지 않고 재료 스스로의 작용에도 일정한 역할을 맡기겠다는 생각이다. 모든 것을 사람의 손아귀에만 묶어두지 않겠다는 인생관이다. 찌개나 탕도 같은 원리를 배경으로 갖는다. 여러 재료를 섞어서 끓이다 보면 그 맛을 예측하기 힘들다. 김치에 수십 가지의 재료를 넣어 이것들이 발효하면서 서로 어울려 맛을 내게 하는 것도 마찬가지이다. 혹은 한국음식에서 만능으로 통하는 '갖은 양념'이라는 개념도 같은 이치이다.

규칙화할 수 없는 변화무쌍함을 좋아한다는 뜻인데 비단 한국문화만 이런 것은 아니고 동양문화, 특히 중국 전통문화의 기본적 특징이기도 하다. 그러나 그 정도와 내용에서 차이가 있다. 중국은 워낙 땅이 넓다 보니 자연만물의 이치와 인간사의 원리를 파악하고자 하는 욕구도 강했다. 동시에 이것이 몇 가지 법칙으로 단순화될 수 없다는 것도 깨달았다. 그리하여 법칙화하되 가능한 한 다양성을 인정하려는 양면적 경향을 나타내게 되었다. 주역적 세계관이 대표적 예이다. 요소들 사이의 관계적 법칙으로 자연과 인간사를 파악하되, 요소와 관계의 종류를 가능한 한 다원화시키려 했다.

한국은 좀 달랐다. 한국 민족도 요소들 사이의 관계로 다양성을 파악하려는 시각을 기본입장으로 가졌지만 법칙화의 정도는 심하지 않았다. 그보다는 요소들끼리 어울려 만들어내는 결과를 그때그때 즐기는 경향을 띠었다. 모든 것을 사람의 머리로 예측하고 사람의 손아귀 안에서 다스리려 하지 않고 상당 부분을 요소들의 작동에 맡겨두었다. 그렇게 해도 사람이 버둥거리며 법칙화한 것과 결과가 크게 다르지 않았을 뿐 아니라 종종 예상치 못했던 의외의 즐거움을 주기도 했기 때문이다.

한옥에 나타난 콜라주는 이런 세계관과 민족성을 건축적 구성으로 형식화한 것이다. 한옥의 콜라주는 이항대립적 쌍개념 사이의 적절한 조합의 산물이다. 감춤과 보임이라는 나와 너 사이의 시각작용이 대표적 대상이다.^{사진 139} 이것을 구체화하는 건축적 형식으로 축 질서와 어긋남이라는 또 다른 쌍개념을 적절히 조합했다. 창과 액자라는 개별요소 자체 및 이것들 사이의 관계에 최소한의 법칙은 주되 지나치게 형식화하지 않고 어울림의 자유를 주었다. 거기에서 얻어지는 자연스러운 결과를 즐기겠다는 것이다.

하루 동안에도 집 안 수십 곳을 옮겨 다니고 창도 여러 번 열고 닫는데, 그때마다 풍경을 바라보는 시선의 각도는 미묘한 차이를 보이며 달라진다. 이에 따라 창의 액자작용 및 풍경작용도 끊임없이 변한다. 이런 미묘한 차이를 사람의 머리로 법칙화하는 것은 불가능하다. 법칙 자체에 우선권을 두다 보면 법칙으로 담아낼 수 없는 미묘한 차이는 무의미하고 중요하지 않은 것으로 무시된다. 이런 가치관이 득세하면 집도 여기에 따라 맞춰져 미묘한 차이를 만들어내지 못하는 방향으로 지어진다. 결과적으로 집에서 즐길 수 있는 풍경의 종류가 극히 제한된다.

한옥의 콜라주는 이것을 피하겠다는 의도이다. 그 미묘한 차이까지 모두 즐기겠다는 것이다. 감상자에게 섬세한 감각이 있을 때라야 가질 수 있는 입장이다. 이를 위해 한옥은 창과 풍경에 일정한 자유를 주었다. 그렇게 만들어내는 결과도 충분히 훌륭한 것, 심지어 사람이 미리 짜서 강요하는 것보다 더 훌륭한 것이라는 확신이 있을 때 나올 수 있는 건축형식이다. 사람은 이들에게 맡겨놓고 결과를 즐기기만 하면 되는 것이다.

139 창덕궁 낙선재

대청 앞면에서 보는 콜라주 작용이다. 액자와 풍경요소는 기본적으로
대립적 관계를 가지지만 결과는 갈등이 아닌 새로운 총합으로 나타난다.

140 관가정 사랑채
대청 위에서 앞쪽 전경을 옆으로 비껴서서 바라본 경우이다.
언뜻 보기에 많이 복잡하지 않지만 측면의 조각풍경이 더해지면서 콜라주가 된다.

관가정 사랑채를 보자. 이곳에서 나올 수 있는 풍경작용은 종류만도
여럿이다. 콜라주 하나에 대해서도 여러 장면이 만들어진다. 대표적
장면 세 개만 들어보자. 먼저 대청에서 바깥풍경 전체를 전경으로 보
는 경우이다.^{사진 140} 전면에 병풍작용이 일어나지만 측면이 가세하면
서 병풍의 안정성은 깨지고 분산성이 개입한다. 측면을 닫는 등 전면
에만 눈을 두면 시원시원한 전경을 볼 수 있다. 이때의 분위기는 안정
적이면서 호방하다. 측면을 열면 분산성이 개입하면서 대청 전체에 활
기가 돈다.

다음은 같은 대청인데 측면과 후면으로 눈을 돌렸을 때 일어나는 풍

141 관가정 사랑채

대청 위에서 45도 각도로 측면과 후면을 동시에 바라보면 앞쪽을 볼 때의
호방한 전경과 달리 호젓한 풍경이 드러난다. 액자가 작아지면서
풍경요소를 조각낸 느낌이 강해진다. 콜라주를 만들기에 좋은 조건이다.

경작용의 장면이다.^{사진 141} 호방한 전경과 달리 호젓하다. 왼쪽 창의 풍
경요소로는 밑부분에 낮은 담이, 그 위에 넓은 창공과 나무가 들어갔
다. 오른쪽 창의 풍경요소는 담으로 꽉 채웠다. 두 풍경과 대청 골조가
협동해서 유교시대의 대표적 건축형식을 완성시키고 있다. 한옥에서
콜라주가 지향하는 바 가운데 하나이다.

마지막으로 사랑채 방에서 대청과 방 밖의 두 장면을 함께 본 경우이
다.^{사진 142} 두 액자의 어긋남은 확실하면서도 오묘하다. 풍경작용도 다
르다. 왼쪽에서는 대청 공간이 중간에 개입하면서 '액자 속 액자'에 의
해 바깥풍경의 아랫부분이 살짝만 보인다. 오른쪽에서는 담과 그 위로

시원하게 뻗은 나무 전체가 온전한 풍경으로 담긴다.

이상은 사랑채 한 곳에서 일어나는 수없이 많은 콜라주 작용 가운데 일부만 추린 것이다. 15평 남짓한 사랑채 한 곳에 이렇게 다양한 풍경 작용이 일어난다. 비빔밥처럼 사람의 머리와 손으로는 다 하지 못하는 의외의 변수를 두었기 때문에 가능한 일이다. 비빔밥의 철학은 이처럼 콜라주의 미학과 일맥상통한다. 서양의 콜라주는 피카소에서 초현실 주의에 이르는 1900년에서 1920년 사이에 완성되었다. 그 대상도 미 술에 국한되었다. 반면 한국에서는 이미 수백, 심지어 천 년 이상도 전 에 집이라는 일상 생활공간 속에서 그 미학을 몸소 구현해서 즐기며 살 아왔다.

이것은 전통시대에 한민족을 구성하고 있던 다양한 조건들에 적절하 게 대응해서 나타난 결과이다. 그 방향은 크게 둘로 나눌 수 있다. 하나 는 단조로움을 유발할 수 있는 상황이다. 한반도는 산이 많아서 문중 과 씨족을 중심으로 마을 단위의 폐쇄적 집단주의가 사회를 지배할 위 험이 있었다. 비빔밥의 철학은 이것을 타파하기 위한 대응의 성격이 강하다. 다양성에 대한 통로를 확보함으로써 자칫 문화가 소집단끼리 단조롭게 흐를 위험을 피하겠다는 의도였다.

다른 하나는 다양성을 만들어내는 상황으로, 비빔밥의 철학이 나오 게 된 직접적 배경이다. 한국은 반도이기 때문에 대륙과 해양 양쪽에 서 다양한 민족이 모여 사회를 이루었다. 산과 바다와 강이 공존했고, 해양세력과 대륙세력이 충돌하고 섞였다. 이들이 가져오거나 지켜온 문화도 그만큼 다양했다. 식재료만 봐도 흔히 하는 말로 '육해공'의 다양한 종류를 활용할 수 있었다. 다양성이 이처럼 풍부한 상황에서 몇 개의 단순한 법칙으로 인간사를 정리하는 것은 불가능했을 것이다.

142 관가정 사랑채

왼쪽에는 대청이, 오른쪽에는 뒷마당이 각각 풍경요소로 들어온다.
액자의 개수는 둘밖에 안 되지만 두 액자 및 그 속의 풍경 사이의
어긋남이 확실하면서도 오묘하기 때문에 콜라주가 될 수 있다.

한민족의 대표적 특징인 강한 혼성과 상대주의 문화는 이런 상황에 지혜롭게 대처한 결과로 형성된 것이었다. 한옥의 콜라주는 건축에서의 대표적 예였다.

바로크

규칙을 최소화하고 분산을 즐기다

콜라주를 넘어 변화무쌍의 극단으로

바로크는 흔히 17세기 유럽 예술양식을 지칭하는 고유명사이지만 일반화시키면 "비정형적이고 분산적이며 변형이 심한 조형 경향"으로 정의할 수 있다. 이런 개념의 바로크 현상은 비단 17세기에만 국한되지 않고 서양예술사 전체를 통틀어 끊임없이 나타났다. 더 일반화시키면 일상생활이나 사람의 성향 등에서도 바로크적 현상을 관찰할 수 있다. 이처럼 바로크는 편차가 큰 개념인데 핵심적 특징은 '비정형성과 변화'이다. 그러나 여전히 규칙성에서 완전히 벗어나는 것은 아니어서 최소한의 규칙성은 지키는 범위 내에서 비정형성과 변화가 극단화된 상태로 정의할 수 있다. 규칙성을 상실한 임의성·미로·카오스 등으로 넘어가기 직전에 경계선에 머문 상태이다.

바로크는 일반명사로서의 의미도 갖는 포괄적 명칭이기 때문에 동양 예술에서도 이에 해당되는 개념이 있다. 기운생동과 변화무쌍을 대표적 예로 들 수 있다. 한옥에서의 풍경작용도 예외가 아니어서 바로크 작용을 만들어낸다. 앞에 소개한 장경·중첩·콜라주 등도 넓게 보면 복합작용에 의해 비정형성과 변화를 만드는 점에서 바로크의 세부 경향으로 분류할 수도 있다. 차이는 분산성의 정도이다. 바로크는 콜라주 등의 복합작용에서 분산성이 더 심해지면서 다음 단계의 풍경작용으로 넘어간 상태이다.

분산성을 기준으로 했을 때 바로크는 콜라주가 더 발전한 경우로 정의할 수 있다. 차이는 다음의 몇 가지로 요약할 수 있다. 구성요소의 분산은 기본적으로 콜라주에 해당되는 개념이다. 콜라주에서는 이것이 개별장면 차원에서 일어나는 반면 바로크에서는 풍경작용 차원에서 일어난다. 이것이 바로크가 콜라주를 넘어 변화무쌍함의 극단을 만들어내는 첫 번째 비밀이다. 콜라주에서는 최종결과도 한 장면으로 정해져 제시된다. 최종장면이 여러 조각으로 나뉠 뿐 최종장면 자체가 계속 변하는 상태에 있지는 않다. 변화가 멈춘 고정된 상태로 굳어져 제시된다.

반면 바로크는 계속 변화 중에 있다. 이것이 변화무쌍과 기운생동의 의미이다. 창덕궁 연경당 안채를 보자.사진 143 액자는 개수를 세기가 힘들 정도로 분산되었다. 분산이 일어난 방향도 축 질서를 딱히 정하기 힘들다. 마치 살아서 꿈틀대는 유기체의 생명작용을 보는 것 같다. 연경당의 분산성은 두 가지 작용의 합작품이다. 하나는 구성요소의 개별화, 즉 소품화이고 다른 하나는 흐트러진 전체 구도이다. 이것은 일반적 의미에서 바로크의 분산성을 만들어내는 요인이기도 하다.

개별화에 대해 먼저 살펴보자. 이는 소수의 개별요소가 전체 장면을 독점하는 비율이 작아져야 한다는 뜻이다. 이를테면 하나의 풍경요소만으로 이루어지는 장면은 그만큼 안정적이어서 분산적이 되기 어렵다. 반대로 개별요소에 대한 전체 구도의 장악력도 약해져야 한다. '전

143 창덕궁 연경당 안채

건물골조를 옆으로 비껴 바라보면서 수많은 창을 통해 역동성을 만들어내고 있다.
소품화와 분산 구도가 합해져 바로크를 일으킨 대표적 장면이다.

144 창덕궁 낙선재

액자 속 풍경요소는 저 멀리 손바닥만하게 작아져 있다. 그러나 무시할 수는 없다.
작지만 시선을 충분히 붙잡으며 당당히 풍경작용으로 작동한다.

체 구도'라는 말이 성립하기 위해서는 규칙성이 전제되어야 한다. 반복과 통일성 등 조화를 추구하는 경우가 대표적이다. 이런 질서에서는 개별요소가 전체 구도에 맞춰 정의되기 때문에 바로크가 될 수 없다. 바로크가 성립되기 위해서는 전체 구도가 개별요소에 개입하지 말아야 한다. 개별요소의 독립성이 확보되어야 한다. 그러기 위해서는 일단 풍경요소가 작아져야 한다. 이를 '소품화'로 정의할 수 있다.

창덕궁 낙선재를 보자.사진 144 풍경요소의 면적이 작아서 장경까지는 되지 못하고 소품상태에 머물고 있다. 액자요소가 전체 화면에서 차지하는 비율이 현저히 작다. 그렇다고 무시할 정도는 아니다. 분명 하나의 존재형식을 갖추고 있기 때문이다. 소품화된 풍경요소는 당당히 전체 풍경을 구성하는 부분요소로 작용한다. 액자는 전체 장면을 이루는 많은 요소들 가운데 하나에 머문다. 작아졌다고 중요성이 덜하다는 의미는 아니다. 다른 요소들이 함께 개입하면서 풍경요소 하나에 대한 집중적 의존도가 줄어들고 풍경작용이 그만큼 분산적이 되었다는 뜻이다.

소품화 바로크: 조각내 분산시키다

소품화는 지금까지 앞에서 설명한 여러 풍경작용과 함께 일어나는 경우가 많다. 그 방향은 둘로 요약할 수 있다. 하나는 족자나 이중중첩 등 액자의 형식화가 강화되면서 분리작용을 돕는 경우이다. 족자작용처럼 액자 자체가 커지고 그 속에 담기는 풍경요소가 작아진 경우도 소품화로 볼 수 있다. 귀촌종택이 대표적 예이다.사진 145 액자가 매우 커지면서 액자 자체가 하나의 독립된 건축세계를 이루고 풍경은 하부 구성요소에 머문다. 여기까지는 족자와 같다. 차이점은 귀촌종택에서는

145 귀촌종택 사랑채
풍경요소는 온전한데 액자가 커지고 분산적이 되면서
풍경요소를 잘게 잘라 소품화시켰다.

안정된 구도가 깨지고 있다는 점이다. 풍경요소는 사당 전체건물 하나
이다. 액자가 이것과 모서리를 맞대며 대립적 위치에 서 있다. 액자 자
체가 90도로 꺾인 두 면에 나 있다. 크기와 위치, 골격 등이 서로 많이
다르다. 풍경요소는 애매하게 조각나는데 이 '조각'이라는 개념이 소
품화를 일으키는 근거이다.

　다른 하나는 풍경과의 거리감을 극대화한 경우이다. 풍경요소와 관
찰자 사이에 거리를 두어 분리작용을 돕는다. 이때 거리감은 물리적
거리일 수도 있고 심리적 거리일 수도 있다. 중요한 것은 객체와 대상
을 완전히 분리해서 이원화시키는 것이다. 이런 분리작용이 풍경요소

146 북촌댁 별당
'액자 속 액자' 혹은 삼중액자를 통해 소품화를 일으킨다.
풍경이 일어나는 차원과 관찰자의 차원이 완전히 다르다.

가 독립하는 근거로 작용한다. 이 경우 소품화는 장경이나 차경 등 단
겹의 풍경작용에 중첩이 극대화되면서 나타난다. 장경중첩과 차경중
첩에서 중첩을 일으키는 조건인 이격작용이 극대화될 때이다.

　이중중첩도 여기에 속한다. 이중중첩에서는 '액자 속 액자'나 삼중창
등이 소품화를 만드는 구체적 형식이다. 액자와 이중창 등을 통해 한 번
풍경작용이 일어난 장면에 액자를 한 겹 더 씌우면 풍경은 완전히 독립
을 이룬다. 이처럼 창의 다중중첩으로 일어나는 소품화는 '깊은 곳에
보관되어 있는 보물'으로 비유할 수 있다.

　북촌댁 별당을 대표적 예로 들 수 있다.^{사진} 146 풍경작용이 겹 방을

147 한규설 대감가 사랑채
대청 밖 앞쪽에서 바라보면 나타나는 전형적 장면인데 소품화된
풍경요소의 병렬작용이 시작되는 분기점이다. 콜라주와 바로크의 경계선이다.

관통하며 일어나기 때문에 액자는 세 겹이 된다. 겹 방을 만들기 위해
벽체 세 겹이 차례로 세워진다. 관찰자가 한쪽 밖에서 두 개의 방을 가
로질러 반대편을 보다 보니, 풍경요소는 관찰자에 속하는 차원에서 벗
어나 다른 차원에 속하게 된다. 관찰자와 풍경요소 사이의 거리도 그
만큼 멀어서 풍경요소는 자그마하게 보인다. 저 먼 곳에 자신만의 차
원을 만든 것으로 볼 수 있다. 풍경이 일어나는 차원을 관찰자의 차원
과 다르게 형성한 것이다.

이렇게 확보된 소품화가 여러 개가 되면 병렬작용이 일어난다. 병렬
의 성격이 반복보다 분산이 되면 콜라주와 바로크로 넘어간다. 한규설
대감가 사랑채를 보자.^{사진 147} 여러 개의 소품이 병렬되어 있다. 이 장

면 자체는 콜라주와 바로크의 경계선에 있다. 아직 바로크가 본격적으로 시작되었다고 보기는 어렵다. 앞에 살펴본 연경당 안채는 한규설 사랑채와 유사한 구조인데 분산성이 강화되면서 콜라주로 발전한 경우이다.^{사진 143} 연경당의 의미를 소품화의 개수보다 분산성의 정도로 잡는다면 바로크가 일어난 것으로 볼 수 있다. 바로크의 두번째 조건인 전체 구도가 흐트러진 경우이다.

콜라주와 바로크의 구별기준은 여러 가지일 수 있는데 단순화시키면 분산성의 정도가 대표적 기준이 된다. 말하자면 콜라주가 좀더 분산적이 된 것이 바로크이다. 창을 통한 분산작용은 콜라주에서 바로크로 넘어가는 경계선에 해당된다. 대청 뒷마당에서 뒷면의 창을 통해 사선 방향으로 앞면을 보는 상황, 또는 반대로 대청 앞마당이나 대청 위에서 사선 방향으로 뒷면을 보는 경우가 이에 해당된다.^{사진 135, 138, 147} 관가정 안채는 대청 위에서 뒷면을 사선 방향으로 바라본 경우이다.^{사진 148}

이런 작용이 반드시 대청에서만 일어나는 것은 아니다. 방에서도 동일한 조건이 형성될 수 있다. 청풍 도화리 고가를 보자.^{사진 149} 방 밖 측면에서 창을 통해 안을 들여다보니 기막힌 장면이 펼쳐진다. 방의 반대편 문이 액자를 하나 더 만들고 그 속에 건너편 채를 풍경요소로 담는다. 관찰자와 반대편 액자 사이에는 방이, 반대편 액자와 풍경요소 사이에는 퇴와 마당이 각각 끼어든다. 공간 켜가 복층이 되면서 풍경요소에 소품화가 일어난다. 전체 구도가 사선에 의해 흐트러지면서 분산성이 강화된다. 소품화와 분산성이 합해져 '소품화 바로크'가 일어난다.

이상의 조건들에서 어떤 경우에 바로크가 되는지에 대해서 특별히

148 관가정 안채
뒷면 창을 사선 방향으로 바라보면서 창을 통한 분산작용이 일어나고 있다.
콜라주보다 더 분산적이 되면 한옥의 풍경작용에서 마지막 단계인 바로크가 나타난다.

규칙화할 수 있는 것은 아니다. 분산성과 비정형성을 기준으로 상황별로 판단할 수밖에 없다. 콜라주에서 바로크로 넘어가는 경계에서 일어나는 이런 풍경작용을 '소품화 콜라주'로 정의할 수 있다. 소품화가 여럿이 되면서 탈규칙화를 꾀하는 상태이다. 이 상태에서는 보이기와 감추기가 복잡하게 혼재하면서 규칙화할 수 있는 단계를 넘어서는 문턱까지 와 있다.

대청 뒷마당에서 앞쪽을 바라보는 풍경작용에서는, 뒷면 창의 크기·위치 등이 앞면의 기둥이 만드는 액자와 편차가 크기 때문에, 어긋남이 심해지면 바로크가 일어난다.^{사진 135, 138} 여기에 대청 옆면의

149 청풍 도화리 고가
방 밖 측면에서 창을 통해서 안을 들여다보면, 반대편 문과 건너편 채가 '액자 속 액자'에 의한 풍경을 만드는데 이것이 사선 방향으로 분산되면서 바로크를 이룬다.

창이 가세하면서 바로크가 일어날 조건이 더욱 강화된다. 대청 안쪽 면의 건축구성이 복잡해서 시각적으로 분산작용을 일으키는 경우도 마찬가지이다. 대청 앞쪽의 바깥 풍경요소가 복잡하거나 산만한 경우도 같은 조건으로 볼 수 있다.

노골적 바로크와 내재적 바로크

한옥에서 일어나는 바로크는 직설적 바로크와 은유적 바로크로 나눌 수 있다. 직설적 바로크는 향단이 대표적이다. 언뜻 보기에도 비정형성이 직설적으로 나타난 경우로, 노골적 바로크라고도 부를 수 있다. 향단에서는 관계적 법칙 사이의 다양성이 아닌 구체적 장면으로 분산성을 극대화한다. 집은 관계적 법칙을 정하기가 힘들 정도로 흐트러지고 복잡한 상태로 나타난다. 분산성을 혼성·임의성·카오스 등 직접적 비정형 구도로 표현하는 서양 바로크와 동일한 경우이다. 향단에서는 분산성을 복합성 혹은 복잡성으로 표현한다.

이를 위해 향단은 한옥의 통상적 구성을 깨는 방식을 택한다. 한옥의 통상적 스케일을 깬 것이 가장 두드러진다. 문과 방, 방과 방, 방과 마당, 마당과 대청 등이 최소한의 여백만 사이에 두고 급하게 이어진다.사진 48, 62 동선과 시선이 급하게 바뀌며 집안 가득 긴장감이 넘친다. 높낮이 변화는 한옥의 통상적 경우보다 심한 편이다. 행랑채와 사랑채 사이가 특히 그러해서 사랑채 대청에 서면 행랑채 지붕 용마루선이 눈높이에 걸친다.사진 47, 89, 95, 123

사랑채와 안채 사이의 구별이 불명확하다는 점도 향단의 바로크다움을 만들어낸다. 행랑마당에서 급한 경사를 올라 중문을 통과하면 사랑채가 나오는 것이 아니라 안채 안마당으로 이어진다. 사랑채는 그 왼쪽에 옆으로 비껴 서있다. 사랑채와 안채가 한 몸으로 붙어있다는 표현이 더 정확하다. 안채가 중심이고 사랑채가 부속공간으로 더해진 형국이다. 한옥의 통상적 구성을 깬다. 결과도 파격으로 나타난다. 안채와 사랑채를 구성하는 많은 방들이 다닥다닥 붙으면서 공간이 복잡하게 분산된다. 앞에 언급한 좁은 스케일감은 이런 느낌을 강화한다. 막힘과 열림, 방과 방, 방과 대청, 벽과 기둥 등 여러 짝들이 복합 켜의 대립상황을 만들어내면서 공간은 복잡계의 모습을 드러낸다.사진 150 바로크다운 첫 인상은 집 전체를 지배하며 내내 계속된다. 집 속으로 들

150 향단 안채-사랑채

향단은 한옥 가운데 가장 은밀하고 복잡한 집이기 때문에
바로크가 일어나기에 좋은 조건을 갖추었다.
액자부터 여러 방향으로 분산적이며 그 속의 풍경도 변화무쌍하다.

어갈수록 이런 느낌은 오히려 강화되어 나타난다.

은유적 바로크는 언뜻 보면 그렇게 흐트러져 보이지 않는데 관계적 법칙의 다양성을 통해 분산성을 확보한 경우이다. 노골적 바로크와 구별해서 내재적 바로크라 부를 수 있다. 그러나 최종적으로 나타나는 장면은 노골적 바로크에 못지않게 분산적이다. 가만히 있으면 얌전해 보이는데 조금만 건드리면 심하게 요동치며 변화하는 경우라 할 수 있다.

내재적 바로크는 한옥을 서양건축과 구별시켜주는 특징적 현상이기도 하다. 서양건축에서는 분산성을 직접적으로 표현하는 경향이 주를 이룬다. 한옥의 노골적 바로크가 여기에 해당된다. 그러나 한옥에는 이것만 있는 것이 아니다. 관계성에 의해 분산성을 표현하는 내재적 바로크라는 형식도 함께 존재한다. 내재적 바로크는 요소들 사이에 발생하는 관계적 법칙을 늘리는 방식으로 분산성을 표현한다. 개별요소의 개수 자체를 일일이 늘리는 것이 아니라 경우의 수를 늘리는 것이다. 관계적 법칙을 조금만 다원화시키면 경우의 수는 급격히 늘어난다. 눈에 보이는 비정형성은 관계적 법칙이 다원화된 만큼만 나타나기 때문에 그다지 심하게 분산적이 되지는 않는다. 그러나 최종결과는 매우 분산적일 수 있다. 경우의 수가 기하급수적으로 증가하기 때문이다.

내재적 바로크를 대표하는 예로 김동수 고택과 윤증고택을 들 수 있다. 윤증고택 사랑채를 보자. 방이 '밭 전'(田)자 구성을 하고 있고 여기에 한쪽은 대청, 다른 한쪽은 퇴가 더해진 형국이다. 큰 사각형을 작은 사각형 네 개가 분할한 뒤 그 밖으로 대청과 퇴의 전이공간을 더한 구성이다. 이런 구성만으로도 풍경작용을 만들어내는 경우의 수가 무한대로 다양해지는데 그 배경조건은 둘로 나눌 수 있다.

하나는 공간 골격이다. 풍경작용을 다원화시키는 조건인 벽·창문·전이공간 모두가 다원화되어 있다. 우선 벽부터 내벽 네 장과 외벽 여덟 장으로 다원화되어 있다. 내벽은 그 자체가 문을 겸한다. 큰 사각형을 분할하는 벽이 x-y축 방향으로 십자가 형태를 하며 네 개 나 있다. 이 벽은 모두 문이어서 열리도록 되어 있다. 열리는 정도를 조절할 수 있기 때문에 다양한 분산성을 만들어낼 수 있다.^{사진 151} 외벽에는 벽 하나당 창이 날 수도 있고 안 날 수도 있는 두 가지 경우가 있다. 나는 경우도 그 개수가 한 개에서 여러 개로 다양하다. 따라서 외벽에서 창을 끼고 일어날 수 있는 경우의 수는 산술적 계산의 범위를 넘어선다. 전이공간도 두 가지 대표형식인 대청과 퇴가 모두 더해져 있다. 이처럼 윤증고택의 공간 골격은 통상적인 풍경작용이 일어나는 표준적 경우보다 일단 기본조건에서 몇 배는 더 다원화되어 있다. 따라서 이것들 사이에 발생할 수 있는 구체적 경우의 수는 거의 무한대에 가깝다.

다른 하나는 관찰자의 시선작용이다. 네 개의 작은 방 가운데 어느 곳에서건 조금만 움직여 위치를 바꿔도 풍경이 확 바뀐다. 한 곳에 고정한 뒤 몸을 좌우로 조금만 틀어도 마찬가지이다. 앙각을 조금만 달리해도 역시 풍경이 바뀐다. 좌표상의 위치(=거리), 몸의 방향(=수평 각도), 앙각(=수직 각도) 등의 조건에 따라 변화가 크게 일어난다. 막대기로 한 번만 살짝 내리쳐도 크게 출렁이며 파도가 넘실대는 강 위에 떠 있는 느낌이다. 활성 에너지로 가득 차 있어서 조금만 힘을 가해도 변화의 임계점을 넘어선다.

이상의 두 조건이 서로 합해지면서 다양성은 극에 달한다. 한 가지 조건만으로도 무한대에 가까운 다양성이 만들어지는데, 이 둘이 합해지니 그 다양성은 말이나 글로 규칙화하기 힘들다. 변화만 무쌍한 것

151 윤증고택 사랑채
네 개의 작은 방이 '田'자를 이루는데 경계선을 다양하게 처리해서
공간 전체의 가변성이 무한대로 증폭된다.

이 아니다. 그 내용도 다양하다. 풍경의 종류를 보면 지금까지 언급한
예들이 모두 망라해서 일어난다. 단 겹 작용인 차경 · 자경 · 장경을 비
롯해서 두 겹 작용인 중첩, 그리고 복합작용인 거울작용 · 몽타주 · 콜
라주 등이 망라되어 있다.^{사진 152} 그러나 이런 다양성과 분산성은 철저
하게 내재적 관계성으로 숨어있다. 전체 질서는 언뜻 보면 매우 반듯
하고 규칙적 구성을 하고 있는 것으로 보인다. '田'자 자체가 잘 구획
되고 정리된 구도의 글자이다. 그러나 공간 사이의 관계적 법칙을 다
양화시키는 방식으로 거의 무한대에 가까운 복잡한 풍경작용을 만들
어내고 있다.

152 윤증고택 사랑채

장경과 중첩, 콜라주와 바로크 등 풍경작용의 거의 모든 종류들이 망라되어 있다.

나에게서 이탈하는 공간깊이를 만들다

한옥에서 바로크가 일어나는 또 다른 경우로 투시도 작용에 의해 공간 깊이가 만들어지는 경우를 들 수 있다. 이런 공간깊이가 바로크가 되는 현상을 '독립장경'이라 부른다. 이것 역시 윤증고택 사랑채가 대표적 예이다. 사랑채 대청의 한쪽 벽에 난 창을 통해 방과 퇴 쪽을 바라볼 때 나타나는 풍경이다. 여기에 나타난 바로크의 의미는 세 가지이다.

첫째, 액자 속 풍경이 서양 바로크 극장에서 사용하던 일소점 투시도 기법으로 이루어져 있다. 무대가 관객으로부터 멀어지면서 소실되어 가는 공간형성 기법이다. 이런 장면은 관찰대상이 나로부터 이탈되어

가는 분리감을 만들어낸다.^{사진 153} 분리감은 긴장감을 불러일으키면서
바로크 작용을 이룬다. 나를 중심으로 안정을 추구하는 질서가 흔들리
면서 오는 불안감이다. 혹은 자아중심적 세계가 붕괴되면서 오는 역동
성이다.

안정적 고전주의를 만들어내던 팔라디오(Andrea Palladio)에서 벗어
나 바로크 무대 디자인 기법을 창출한 스카모치(Vincenzo Scamozzi)
가 대표적인 예이다. 공간은 무한대로 소실되어 가면서 끝 모를 깊이를
갖는다. 이런 구도는 무엇인가 모를 심오한 느낌을 유발한다. 나의 인
식범위를 넘어서는 불가지 공간이다. 내 눈앞에 좌우 횡으로 시야 안
에 모든 구도가 다 들어오던 질서가 붕괴된다. 나에게서 모든 것이 도
망가는 붕괴이다. 세상 원리와 질서를 나의 인식으로 파악하고 판단하
고 재단하던 자아중심의 질서가 붕괴되는 현상이다.

둘째, 인공적 독립성이다. 바로크 독립장경은 인간의 손으로 만든 질
서를 대표한다. 인간의 감각을 자극하기 위한 가상공간이다. 팔라디오
의 고전적 질서도 비록 인공적이긴 하나 그 기본 뜻은 자연의 질서를
구현한 것이다. 자연을 모델로 삼아 그 숨은 질서를 인공적 건축형식
으로 구현했다는 뜻이다. 반면 스카모치의 바로크 공간은 모델부터가
인공적이다. 이것을 구현하는 건축형식은 더 인공적이 된다. 그 결과
모든 것이 인간의 머리에서 나와 인간의 손으로 만들어진다. 건축의
목적이 자연의 모방에서 인공적 조작으로 넘어간다. 윤증고택의 바로
크 독립장경에서는 조작의 대상이 공간깊이다. 인공세계의 독립성
에 의한 공간깊이의 조작인 것이다.

이때 형성되는 풍경은 장경이다. 장경 자체가 관찰자와 풍경요소 사
이에 일정한 이격작용을 전제로 한다. 차경 · 장경 · 자경의 세 가지 단

153 윤증고택 사랑채

대청에서 퇴를 바라본 장면인데 퇴가 유난히 길어서 일소점 투시도가 만들어진다.
이는 서양의 극장에서 장경주의를 강조하기 위해 사용하던 건축기법이다.

겹 풍경작용 가운데 이격작용이 제일 심하게 나타나는 것이 장경이다. 풍경요소를 형식화하는 액자작용이 강력하고 관찰자와 풍경요소 사이에도 일정 범위 이상의 거리가 만들어지기 때문이다. 이런 조건 자체가 인공성을 의미한다. 이런 장경에 인공적 조작을 추가로 더해 풍경의 독립성을 꾀한 것이 바로크 독립장경이다.

셋째, 변형요소이다. 윤증고택의 바로크 독립장경에서는 문짝이 이 역할을 담당한다. 일소점 공간깊이는 퇴가 중심부를 형성하고 그 좌우를 긴 공간 면이 에워싸면서 소실되어가는 형식으로 만들어진다.^{사진} ¹⁵⁴ 좌우 공간 면 가운데 우측은 마당을 바라보는 퇴의 전면 기둥 열이다. 좌측은 세 개의 방으로 이루어진다. 방 하나당 두 짝의 문이 배당되어 총 여섯 개의 문으로 일소점 공간이 형성된다. 이 문을 열고 닫는 정도에 따라 왼쪽 벽의 상태가 다양하게 변화한다. 개폐의 정도는 곧 벽면의 조형적 상태로 귀결된다. 문짝이 들쑥날쑥 하면서 벽의 변화감을 최대로 만든다. 시선의 각도가 위쪽으로 잡히면서 투시도 왜곡효과가 극대화된다. 사랑채가 퇴보다 70센티미터 정도 높기 때문에 시선은 위에서 아래를 내려다보게 된다. 문짝의 열리고 닫힘이 만들어내는 변화에 시선각도에 의한 형태왜곡이 더해지면서 풍경은 한시도 가만히 있지 못하는 변화무쌍함으로 나타난다.

관가정 솟을대문은 제의(祭儀)의 의미로 바로크 독립장경을 정의하는 특이한 경우이다.^{사진} ¹⁵⁵ 솟을대문 밖에서 안을 들여다보았을 때 안채 대청 뒷면 문에 풍경작용이 일어나는 경우이다. 첫 번째 액자인 솟을대문에서 풍경요소에 이르는 중간에 공간 켜가 여러 겹 만들어지면서 결과적으로 액자도 여러 겹이 된다. '솟을대문-행랑마당-계단-안대문-안마당-안채 대청 앞면 기둥 열-대청-대청 뒷면 창'의 순서로

154 윤증고택 사랑채

긴 툇마루를 따라 붙어 있는 방의 창을 여닫는 정도에 따라
왼쪽 벽의 상태가 다양하게 변화하면서 투시도 왜곡효과는 극대화된다.
이 역시 서양의 극장에서 사용하던 독립장경 기법이다.

155 관가정 솟을대문.

'솟을대문-행랑마당-계단-안대문-안마당-안채 대청 앞면 기둥-대청-대청 뒷면
창'의 중첩이 일어난다. 총 네 개의 액자가 만들어지면서 일직선상의 바로크가 일어난다.

공간 켜가 겹겹이 중첩된다. 이 가운데 솟을대문, 안대문, 대청 앞면 기둥 열, 대청 뒷면 창 등이 액자작용을 일으키는 요소들이다. 총 네 개의 액자가 만들어진다.

이때 풍경요소는 끝 액자인 대청 뒷면 창 속에 담긴다. 솟을대문에서 거리가 멀리 떨어지면서 풍경은 소품화된다. 솟을대문을 지나고 계단을 오른 뒤 안채 대청마저 지나 저 먼 제일 깊은 곳에 풍경이 만들어진다. 다중중첩에 의한 소품화이다. 풍경은 작은 소품처럼 보이면서 손으로 쉽게 옮길 수 있을 것처럼 느껴진다. 이때 풍경에서 최종적으로 연상되는 장면은 제의이다. 저 멀리 아련히 영정사진을 놓은 것 같은 느낌이다. 제단 위에 풍경요소를 하나 올려놓고 의식을 집행하는 형국이다. 이때 '제단 위에 올려진 형식화'가 장경의 의미를 갖는 것으로 해석할 수 있다. 또한 다중중첩 속 소품화 작용은 일소점 투시도 효과에 의한 공간깊이를 만들어 낸다. 이 둘을 합하면 인공적 독립성을 극대화한 바로크 독립장경이 될 수 있다.

바로크 복합구성, 바로크적 콜라주, 낯설게 하기

앞에 소개한 이중중첩은 바로크 독립장경의 조건인 인공적 공간깊이를 만들어내는 전형적 경우이다.^{사진 146} 북촌댁 별당 이외에 김동수 고택 사랑채와 정여창 고택 사랑채도 이것을 대표하는 예들이다.^{사진 156} 두 경우 모두 '액자 속 액자'가 두 번 반복되면서 삼중액자를 만들어낸다. 풍경요소는 가장 깊은 곳에 아스라한 모습으로 소품화되어 있다. 이중중첩에 의한 투시도 깊이를 통해 바로크 독립장경을 만들어낸다.

156 정여창 고택 사랑채

'액자 속 액자'가 반복되면서 삼중액자를 만들어낸다.

인공적 공간깊이에 의해 바로크 독립장경이 일어난다.

김동수 고택 사랑채 전체를 보면 삼중중첩이라 부를 만한 분산성
이 나타난다.사진 157 풍경요소는 단순한데 액자요소가 복잡해서 공간
이 여러 겹으로 나뉘어 있다. 풍경은 장경이고, 액자는 중첩 콜라주,
액자 속 액자, 족자 등 셋으로 다양화되어 있다. 이 세 개의 액자가
겹치면서 삼중중첩이 일어난다. 풍경요소 하나만 보아도 장경을 기
본으로 거울작용이 추가된 복합작용이다. 이처럼 복합성의 단계가
높은 액자와 풍경작용이 여럿 모여 전체 화면을 만들면서 변화무쌍
함을 주도한다.

　액자의 다양함은 곧 풍경장면의 변화무쌍함으로 나타남과 동시에 공
간깊이를 조작하는 효과도 동시에 만들어낸다. 이런 점에서 '바로크
복합구성'으로 명명할 수 있다. 규칙화해서 무어라 단정지어 말할 수
없는 분산적이고 조각난 여러 요소가 모여 하나의 큰 그림을 이룬다.
이 그림이 주는 느낌은 다분히 복합적이다. 단순히 복잡해서 그런 것
이 아니다. 그 원천은 살아서 꿈틀대며 항상 움직이는 과정에 있는 생
명력이다. 바로크에 해당되는 동양적 개념인 기운생동이다. 변화무쌍
을 서양처럼 단순히 직설적 비정형성만으로 표현하는 것이 아니라 살
아 있는 생명체의 활동력에 유추해서 생동하는 변형력의 개념으로 표
현해낸다.

　바로크 복합작용이 더 발전한 풍경작용으로 '바로크적 콜라주'를 들
수 있다. 바로크 복합작용에서 '복합성'의 의미를 '구성요소의 분산 및
재(再) 종합화'로 정의하는 경우이다. 귀촌종택을 대표적 예로 들 수 있
다. 특정 장면 하나가 바로크다운 것이 아니라, 집 전체에 걸쳐 다양한
풍경작용이 종합적으로 일어나는 방식으로 바로크적인 총합을 이루는
특이한 경우이다. 앞에서 살펴본 사진 83, 96, 120, 145 등을 모두 더

157 김동수 고택 사랑채
정여창 고택의 삼중액자보다 더 분산적인 삼중중첩이 일어난다.
건물골격 자체가 키메라처럼 극단적인 가변성을 보이기 때문에
바로크를 위한 최고의 조건을 갖추었다.

하면 이렇게 된다. 각 장면 하나하나를 완전한 바로크라 하기는 어렵
지만 모두 일정한 분산성을 가지고 있다. 이것들이 모두 모인 귀촌종
택은 집 전체가 풍경작용의 종합선물세트이다. 차경·장경·자경의
단 겹 풍경작용을 필두로 족자·'액자 속 액자'·중첩 등 복합 풍경작
용까지 망라한다. 바로크 복합구성을 만들어내던 김동수 고택 사랑채
나 내재적 바로크를 만들어내던 윤증고택 사랑채보다 풍경작용의 종
류가 더 많다.

단순히 숫자만 많은 것이 아니라 복합작용에 의한 분산성이 두드러
진다. 눈만 옆으로 조금 돌리고 몸만 조금 틀어도 풍경작용은 확확 바

158 귀촌종택 사랑채
풍경요소가 창 속에 들어오는 경우를 뛰어넘어 직접적 장면인 경우도
옆의 액자작용과 합해져서 바로크를 만든다.

뀐다. 위치를 옮기면 더 말할 필요도 없다. 복합작용을 이루는 구성요
소가 개별장면 차원이 아니라 풍경작용 차원이다. 이런 다양한 풍경작
용들이 구성요소가 되어 분산과 종합화의 과정을 거치면서 전체 장면
을 바로크로 만든다. 구성요소는 개별 풍경장면 한 가지로 고정되어
있지 않고 스스로 장면을 만들어내며 살아서 작동한다.^{사진 158} 이런 풍
경작용 여러 종류가 꼬리를 물며 연속적으로 일어나면서 바로크를 만
들어낸다. 이처럼 콜라주와 바로크가 함께 일어나는 점에서 바로크적
콜라주라 명명할 수 있다.

또 다른 독특한 바로크 작용으로 낯설게 하기를 들 수 있다. 수애당

사랑채를 보자.^{사진 159} 화면은 양분되어 있다. 왼쪽은 창호지가 햇빛을 받으면서 '창 스스로 풍경이 되다'가 일어난다. 오른쪽은 족자와 자경이 일어나고 있으며 보기에 따라서는 장경이 일어난 것으로 볼 수도 있다. 이것이 바로크다울 수 있는 이유는 이런 풍경요소 혹은 풍경작용들이 '뜬금없이' 병렬되어 있는 데에 있다. 대립이라고까지 말할 수는 없으나 이질요소의 병렬을 통한 '낯설게 하기'로 정의할 수 있다. 보기에 따라서는 대립성도 느껴진다. 왼쪽은 실내장면을 대표하면서 오른쪽의 실외장면과 대립한다. 실내장면은 햇빛을 받아 밝게 빛나는데 실외요소는 오히려 어두워 우울해 보인다. 실내외 사이의 이런 전도는 초현실성으로 읽힌다. 실외는 밝은 빛으로 가득차고 실내는 차분하다는 현실의 상식을 뒤엎는 점에서 그러하다.

바로크 형식으로 구현된 한국적 상대주의

바로크 작용은 한 마디로 한국의 민족성을 대표하는 상대주의를 건축적 형식으로 구현한 것이다. 크게 보면 변화무쌍함을 세상만물의 현상적 이치로 파악한 동양문화의 일환이다. 앞에 콜라주 편에서 언급한 비빔밥의 철학이나 반도국가의 상대주의의 연장선에 있는 내용이기도 하다. 중국의 주역적 세계관은 바로크에 해당되는 동양적 개념의 대표적 예이다. 한국은 이것을 갈림길과 여정 등 우리만의 특이한 정서로 형식화해냈다.

주역은 귀납적 관찰을 바탕으로 자연현상을 구성요소 사이의 관계적 법칙으로 법칙화한다. 이것을 인간사에 대응시켜 길흉화복을 파악하려는 것이 주역적 세계관의 요체이다. 이것이 바로크일 수 있는 근거는 구성요소 사이의 관계적 법칙을 가능한 한 다원화시킨 데 있다. 사주의 네 요소 각각에 팔주를 대응시키면 8의 4제곱인 4096가지의 경우의 수가 나온다. 이 숫자 하나만 보면 바로크의 범위를 넘은 혼돈이나 임의성으로도 볼 수 있다. 그러나 이것이 일정한 대응법칙에 따라 계산되기 때문에, 즉 법칙성을 완전히 버리지 않은 점에서 바로크에 머문 것으로 볼 수 있다.

한국적 민족성에서는 개별성과 임의성에 기초한 상대주의가 바로크에 해당된다. 한국인들은 세상사를 그때그때의 상황에 따라 개별요소들끼리 알아서 해결하는 방식으로 대응한다. 이 과정에서 세상만물을 담는 그릇으로서의 구성형식은 여러 갈래로 분화된다. 처음부터 하나로 주어지는 것을 싫어한다. 갈림길이 대표적 구도이며 이것을 합리화하는 정서적 개념이 여정이다. 인생을 나그네 길, 즉 여정에 비유한 것이 좋은 예이다. 한치 앞을 내다볼 수 없는 인간의 무기력함과 이것이 모여서 형성되는 사람살이의 무상함을 인정한다. 극복하기보다 순응해서 살기를 좋아한다.

이것은 결국 '질서'를 어떻게 정의하느냐의 문제이다. 서양식 실용주의는 일직선으로 잘 정리된 질서를 추구하지만 한국적 민족성은 이것에 거부감을 갖는다. '우르르 몰려서 대강대강 되는대로 비벼대다 보면 그런대로 일은 돌아가게 되어 있다'라는 것이 한국인의 질서 개념이다. 일상생활 속의 예로 줄서기 문화를 들 수 있다.

화장실이나 은행에서 서양은 모든 사람이 한 줄로 서서 기다리다가

▼ **159** 수애당 사랑채
양분된 화면이 서로 이질적이기 때문에 '낯설게 하기'가 일어난다.
이런 의외성은 그 자체로 바로크를 이루는 좋은 조건이다.

빈 칸이 생기면 기다린 순서대로 배정한다. 우리는 각자 알아서 기다릴 칸을 결정한 다음에 그 칸 앞에 가서 기다렸다 사용한다. 서양식은 합리적이다. 먼저 온 사람이 먼저 사용하게 만들어놓았다. 모든 질서를 사람이 세운 규칙에 의해 통제할 수 있다는 믿음의 산물이다. 확률론의 수학적 엄밀성이 배경을 이룬다. 먼저 온 사람이 먼저 사용하게 함으로써 억울하게 손해보는 사람이 나오게 해서는 안 된다는 효율적 도덕론이다. 차례대로 정리된 순서가 질서의 토대를 이룬다.

반면 한국식 줄서기 문화에서는 어디에 위치를 잡느냐에 따라, 즉 운에 따라 순서가 바뀔 수 있다. 이는 운명론적 세계관의 산물이다. 사람살이와 세상일에서는 반드시 먼저 온 사람이 먼저 사용하지 않는 경우도 발생할 수 있다는 생각이다. 사람의 힘으로 어찌할 수 없는 더 큰 힘의 존재를 인정하는 세계관으로 '우연'의 존재를 인정하는 것이다. 인정하는 정도가 아니라 크게 의존하는 것으로 볼 수도 있다. 인간 노력의 한계와 부질없음을 가르친 동양사상의 결과이다. 우연의 개입을 최대한 막고 모든 것을 인간의 힘으로 예측가능하고 통제가능하게 하려는 서양의 세계관과 대비되는 대목이다.

한국인들의 생활방식에는 이외에 다른 예들도 많다. 교통문화는 좋은 예이다. 버스 정류장에 버스가 정차하는 모습, 신호등 없는 삼거리나 사거리를 차들이 통과하는 관습, 추월문화 등을 대표적 예로 들 수 있다. "모로 가도 서울만 가면 된다"라는 속담은 중간과정의 논리성에 큰 비중을 두지 않는 인식을 반영한다. 중간과정의 논리성은 바로 인공질서에 의존하는 규칙성에 해당되는데 여기에 큰 비중을 두지 않는다는 뜻이다. 최종결과에 큰 문제만 없으면 중간과정에 가해지는 인위적 노력은 큰 의미가 없다는 인식이다.

160 관가정 사랑채
윤증고택 사랑채와 함께 풍경작용의 백미이다. 화투 세 장을 방바닥에
던져놓은 것 같은 장면이다. 한국적 상대주의의 극치를 보여준다.

　서양식 절대주의나 근대적 효율성의 관점에서 보면 이것은 무질서로
비판받을 수 있다. 근대화가 덜 된 재래적 잔재라는 뜻이다. 그러나 우
리의 줄서기 개념이 인간본성에 더 가까운 것 또한 사실이다. 생명의 활
력에 의해 항상 살아서 움직이는 것이 인간의 본성에 제일 가까운 상태
인데 이것을 인공질서로 제약하려는 것은 본성에 어긋나는 일이다. 이
런 활성은 개체의 자유의 밑바탕을 이루는 원초적 조건이다. 이것이 집
단으로 모일 경우 혼란으로 흐를 수 있기 때문에 일정한 제재를 가하게
되는데 이 대목에서 한국과 서양문화 사이에 대별적 특징이 형성된다.
서양은 문명차원의 절대성에 의해 개별의 자유를 억압하는 반면 한국에
서는 개별의 자유를 최대한 허용한다. 개별의 자유는 억압한다고 억압

되는 것도 아니려니와 파국을 불러일으키는 혼란으로 흐르지만 않는다면 허용하는 것이 효율적 측면에서도 더 낫다는 철학이다.

이것이 한국인의 상대주의적 민족성이다. 바로크는 이것을 조형형식으로 구현한 것이다. 물론 이것은 무질서일 수 있다. 특히 서구의 근대적 합리주의의 관점에서 보면 더욱 그렇다. 그러나 탈근대의 새로운 문명에서는 오히려 상대주의적 가치기준이 떠오르고 있다. 포스트모더니즘에서 이미 탈중심과 탈절대주의가 추구되었으며 그 이후의 가장 최근의 문명 흐름은 상대주의가 주도하고 있다. 이에 따라 모던 바로크가 현대 건축과 미술에서 점점 중요해지고 있는 실정이다. 한옥에 나타난 바로크 작용 또한 그러하다. 사진 160

한옥 찾아보기

※ 본문에 수록된 한옥 유구들을 가나다 순으로 정리했다. 검은 숫자는 해당 한옥이
  본문에서 언급된 페이지를, 붉은 숫자는 해당 한옥의 사진이 수록된 페이지를 가리킨다.

관가정 觀稼亭 | 경북 경주시 강동면 양동리 150
우재 손중돈(1463~1529)과 연고가 있는 집으로 조선 중기 남부
지방 한옥을 대표한다. 행랑채 · 사랑채 · 안채가 한 몸으로 엮여
오밀조밀하고 아늑한 공간을 만들어낸다.
13, 167, 190, 248, 251, 306, 319, 330 | 21, 22, 139, 141, 148,
169, 191, 246, 250, 306, 307, 309, 320, 332, 343

구봉종택 龜峯宗宅 | 경북 안동시 임동면 천전리 279
구봉 김수일의 종택으로 1660년(현종 1)에 건립한 것으로 추정된
다. 조선 중기의 전형적인 종가양식의 건물이다. 이 집은 안정적
수평선을 중심으로 사랑채와 안채의 건축적 어울림이 뛰어나다.
31

귀촌종택 龜村宗宅 | 경북 안동시 풍천면 하회리 736
풍산류씨 귀촌파(龜村派)의 종택으로 귀촌은 유성룡의 5촌 당숙
이었던 유경심(1516~1571)의 호이다. 귀촌종택은 모든 건물이
맞배지붕을 한 점이 하회마을의 다른 가옥과 다르다. 휴먼 스케
일의 아늑한 마당이 일품이다.
235, 268, 315, 335, 336 | 192, 238, 269, 316, 337

김기응 가옥 金璣應家屋 | 충북 괴산군 칠성면 율원리 907-10
정확한 연대에 대해서는 논란이 있으나 조선 중기후반 또는 후
기에 지어진 뒤 김기응의 조부 김항연이 1910년경 매입하여 중
수하였다. 안채의 문이 만들어내는 어울림의 미학이 뛰어나다.
각각의 문은 가장 적합한 형태와 쓰임새를 갖는다.
105 | 108

김동수 고택 金東洙故宅 | 전북 정읍시 산외면 오공리 814

김동수의 6대 할아버지인 김명관이 1784년(정조 8)에 지은 집이
다. 한옥의 기본구성을 골고루 간직하고 있어 다양한 미학을 종
합적으로 발견할 수 있다. 마당·문·창이 특히 아름답다.

나상열 가옥 羅相悅家屋 | 전남 무안군 삼향면 유교리 698

1920년대 건축되었으며, 남해안 지역의 대표적인 부농주택이다.
현재 안채·문간채·중문간채·창고 등이 남아 있다. 이 집은
진입로를 건물 깊숙이 끌어들여 작은 마을을 지나는 것 같은 친
근한 분위기로 사람을 맞는다.

남계서원 南溪書院 | 경남 함양군 수동면 원평리 586-1

남계서원은 1552년(명종 7)에 지방 유림의 공의로 정여창의 학
문과 덕행을 추모하기 위해 창건되었다. 서원의 표준구성을 따
르면서도 경사지를 잘 활용하여 부분적으로 비대칭 구성을 섞어
쓴 리드미컬한 서원이다.

남촌댁 南村宅 | 경북 안동시 풍천면 하회리 24

형조좌랑을 지낸 유기영이 1797년(정조 1)에 세운 가옥으로
1954년 화재로 인해 안채와 사랑채는 소실되고 문간채·별당·
사당만 남았다. 유성룡의 생가인 충효당과 함께 하회 남촌을 대
표하는 양반주택이다.

녹우당 綠雨堂 | 전남 해남군 해남읍 연동리 82

고산 윤선도의 증조부 효정이 연동에 터를 정하면서 지은 15세
기 중엽의 건물이다. 뒤로는 덕음산을 두고, 앞에는 벼루봉, 그
오른쪽에는 필봉이 자리잡고 있는 명당으로서 근세 선비의 주택
시설을 고루 갖추고 있다.

농암종택 긍구당 聾巖宗宅肯構堂 | 경상북도 안동시 도산면 가송리 612
조선 중기 문신 농암 이현보(1467~1555)의 종택 별당이다. 영천
이씨 소윤 이현공이 지었는데, 훗날 이현보의 아들 이문량이 다
시 고쳐지었다. 이 건물은 산세의 흐름을 이어 받은 지붕이 특히
일품이다.
54

대산동 교리댁 大山洞校理宅 | 경북 성주군 월항면 대산리 411
한개마을 내에 있는 집으로 조선 영조 때 사간원 사간 등을 지낸
이석구가 1760년경에 지었다. 이 집은 두 개의 큰 문이 안팎에서
대응한다. 솟을대문은 밖을 마주하며 경계를 이루고, 사랑채 대
청도 하나의 큰 문을 이루며 먼 경치를 응대한다.
205 | 206

독락당 獨樂堂 | 경북 경주시 안강읍 옥산리 1600-1
이언적이 파직을 당하고 고향에 돌아온 1516년(중종 11)에 지었
다. 담이 처마를 가릴 만큼 높은 점 등 바깥에 대해 닫힌 구조이
다. 속으로 숨고 싶은 집주인의 심정을 건물이 표현하고 있다.
225, 255 | 29, 227, 256

두곡고택 杜谷古宅 | 경북 경주시 강동면 양동리 35
회재 이언적의 6대손 이시중의 분문가(分門家)로서 1773년(영조
49)경에 건축되었다. 사랑채와 안채가 붙어 있고 채 사이 거리가
오밀조밀한 편이어서 자경이 일어나기에 적합하다.
125

맹사성 고택 孟思誠古宅 | 충남 아산시 배방읍 중리 300
고려 말 최영 장군이 살다 손녀사위인 맹사성(1360~1438)에게
물려주었다고 전하는 집이다. 우리나라 살림집 가운데 가장 오
래된 것으로 조선 초기 민가의 모습을 간직하고 있다. 이 집은
단독건물만 남아 있는데 특히 문이 아름답다.
180, 245 | 62, 123, 182, 247

북촌댁 北村宅 | 경상북도 안동시 풍천면 하회리 706

양진당과 함께 하회 북촌을 대표하는 집으로, 경상도 도사를 지낸 유도성이 1862년(철종 13)에 지었고 그후 여러 차례 보수했다. 이 집은 창의 중첩이 공간의 중첩으로 발전하는 건축형식이 뛰어나다.

294, 317, 333 | 33, 98, 295, 317

선교장 船橋莊 | 강원 강릉시 운정동 431

효령대군의 후손 이내번(1703~1781)이 전주에서 이곳으로 이주하면서 지은 살림집이다. '선교장'이라는 이름은 집터가 뱃머리를 연상케 해서 붙여졌다 한다. 안채·사랑채·행랑채·별당·정자 등 민가로서는 모자람 없는 완벽한 구성이다.

93 | 95

소쇄원 瀟灑園 | 전남 담양군 남면 지곡리 123

스승 조광조가 기묘사화로 사사된 후, 소쇄 양산보는 모든 관직을 그만두고 고향으로 내려와 소쇄원을 지었다. 이곳은 물이 흘러내리는 계곡을 사이에 두고 10여 동의 건물이 들어서 있다. 자연과 인공이 잘 어우러진 한국의 대표적 정원이다.

197, 228 | 52, 198

송소고택 松韶古宅 | 경북 청송군 파천면 덕천리 176

만석의 부를 누린 송소 심호택이 1880년(고종 17)에 지었다. 대문채·안채·별당·큰사랑채·작은사랑채·사당으로 구성되어 있으며, 각 건물에 독립된 마당이 딸려 있다. 마당은 건물의 성격에 따라 여유롭고 아늑하며 넓고 후미지다.

221, 255 | 194, 222, 254

수애당 水涯堂 | 경북 안동시 임동면 수곡리 470-44

수애 유진걸이 1939년에 지은 집이다. 건립 시기는 일제 때이나 조선 후기의 건축양식으로 지어졌다. 이 집은 안과 밖 사이의 건축적 관계가 뛰어나다. 이를테면 솟을대문과 중문이 일직선에 놓이면서 문을 통한 점증적 진입을 제공한다.

105, 127, 209, 337 | 101, 102, 109, 126, 177, 211, 340~341

안동 의성김씨 종택 安東義城金氏宗宅 | 경북 안동시 임하면 천전리 280
의성김씨의 종가로 임진왜란 때 불타버린 것을 학봉 김성일
(1538~1593)이 다시 지었다. 스케일과 공간구성 등에서 조선 중
기 한옥의 표준구성을 잘 보여준다. 앞마당은 다소 폐쇄적 느낌
이 들지만 옆마당이 넓어서 웅장한 지붕을 감상하기에 좋다.
113 | 81, 112

양진당 養眞堂 | 경북 안동시 풍천면 하회리 729
유성룡의 형인 유운룡(1539~1601)의 종택으로 풍산류씨 종가
이다. 이 집은 전체적으로 중후한 기품을 자랑하지만 자세히 보
면 창의 구성이 흥겨운 조화를 만들어내는 등 발랄함도 발견할
수 있다.
280 | 281

오죽헌 烏竹軒 | 강원도 강릉시 죽헌동 201
신사임당과 율곡 이이가 태어난 집으로 조선시대 문신이었던 최
치운(1390~1440)이 지었다. 꼭 필요한 곳에 건축된 기둥과 보,
창과 문 등이 구성의 심미성을 보여준다. 한국 주택건축 중에서
가장 오래된 건물에 속한다.
183, 252, 257 | 164, 199, 253

용흥궁 龍興宮 | 인천 강화군 강화읍 관청리 441
철종이 왕위에 오르기 전에 살던 집으로, 철종이 왕위에 오르자
강화유수 정기세가 건물을 새로 짓고 용흥궁이라 이름을 붙였
다. 창덕궁의 연경당이나 낙선재와 같이 살림집의 유형을 따라
지어져 소박한 느낌이 든다.
110, 260, 278 | 111, 261, 279

운조루 雲鳥樓 | 전남 구례군 토지면 오미리
삼수부사를 지낸 유이주가 1776년(영조 52)에 지었다. 운조루는
이 집의 사랑채인데, 네 칸의 몸채 뒤쪽으로 마치 새의 날개처럼
두 칸이 더 꺾여 달려서 '운조루'라는 이름이 붙었다. 규모나 구
조 면에서 당시 귀족 주택의 모습을 잘 나타낸다.
130, 201 | 40, 131, 200

운현궁 雲峴宮 | 서울 종로구 운니동 114-10

고종의 생부인 흥선대원군의 저택으로, 고종이 탄생해서 즉위하던 해인 12세까지 자란 곳이다. 서까래와 문, 살과 틀, 기둥과 주추, 고리와 정첩 등 크고 작은 건축 부재들이 다양하게 변화하며 흥겹게 어울린다.

윤증고택 尹拯古宅 | 충청남도 논산시 노성면 교촌리 306

조선 숙종 때의 학자인 윤증이 지었다고 알려진 집이다. 현재는 사랑채·중문간채·안채만 남아 있는데 이들 건물을 넓은 마당이 에워싸고 있다. 건물과 마당의 어울림을 잘 보여주는 집이다.

임청각 臨淸閣 | 경북 안동시 법흥동 20

조선 중기에 지은 정자형의 누(樓)로, 양반주택의 별당 건물이다. 임청각 군자정이 호탕한 모습으로 먼저 사람을 맞이하고 본채는 그 속에 아늑하게 배치되어 있다. 본채는 원래 99칸을 꽉 채운 규모였으나 일제 때 많이 헐려 지금은 절반 규모로 줄어들었다.

정여창 고택 鄭汝昌古宅 | 경남 함양군 지곡면 개평리 262-1

일두 정여창(1450~1504)의 고택으로 '함양 일두고택'이라고도 한다. 솟을대문·담·문·마당·몸채 등 기본구성을 골고루 갖춘 대저택이다. 이 가운데 사랑채 문이 특히 아름답다.

주일재 主一齋 | 경북 안동시 풍천면 하회리 659

서애 유성룡의 증손인 유만하가 1624년 충효당에서 분가할 때 지은 집으로, 그의 아들인 유후장의 호를 따라 주일재라고 부른다. '一'자형 사랑채와 '一'자형 중문간채, '一'자형 안채와 사당이 있는, 이 지방의 전형적인 양반가옥이다.

창덕궁 낙선재 昌德宮樂善齋 | 서울 종로구 와룡동 2-71
헌종 13년(1847) 후궁 김씨의 처소로 지은 왕궁 내 주거로 서쪽부터 낙선재 · 석복헌 · 수강재를 차례로 배치했다. 이 집은 긴 수평선을 중심으로 지붕의 구성과 담의 장식이 잘 어우러져 조화미가 돋보인다.

315 | 58, 160, 305, 314

창덕궁 연경당 昌德宮演慶堂 | 서울 종로구 와룡동 2-71
순조의 왕세자였던 효명세자가 1828년(순조 28)에 사대부집을 모방하여 지은 집이다. 넓은 마당을 자랑하는 한편 왕궁 건물로는 검소한 분위기를 보여주는데, 건물 자체는 아기자기한 겹 공간 구성을 하고 있다.

154, 183, 235, 291, 312, 319 | 76, 155, 236, 292, 313

청풍 도화리 고가 淸風桃花里古家 | 충북 제천시 청풍면 물태리 산6-20
조선시대 말에 지은 목조기와집으로, 조선 말기 민가주택의 모습을 잘 보여주는 가옥이다. 중심 채에서 두 팔을 뻗은 'ㄷ'자형의 간결한 구성을 하고 있으나, 창 처리가 뛰어나 집 여러 곳에서 다양한 풍경작용을 즐길 수 있다.

319 | 41, 73, 321

청풍 후산리 고가 淸風後山里古家 | 충북 제천시 청풍면 물태리 산6-20
중부지방의 보편적 민가형식을 따른 집으로 지금은 'ㄱ'자 모양의 안채만 남아 있다. 이 건물의 특징은 통(通)이다. 단독건물이지만 방과 방, 방과 밖 사이에 서로 통하는 여러 갈래의 길이 나 있다.

287 | 55, 284

추사고택 秋史古宅 | 충남 예산군 신암면 용궁리 798
추사 김정희의 생가로 추사의 증조부인 김한신(1720~1758)이 건립한 것으로 알려져 있다. 안채의 급한 변화를 대표적 특징으로 갖는다. 각 방은 오르내림의 변화가 심하며 이에 따라 지붕 · 창 · 보 · 퇴 등도 어긋남이 심하다. 공간도 여러 겹 중첩된다.

142, 231 | 143, 233

충효당 忠孝堂 | 경북 안동시 풍천면 하회리 656
조선 중기 대표적 문신이었던 서애 유성룡(1542~1607)의 집이
다. 이 집은 행랑채의 구성미가 뛰어나다. 반복적인 긴 일직선 건
물에 창의 위치와 솟을대문으로 변화를 주었다. 준엄하면서도 위
압적이지 않은 모습이 인상적이다.

하동고택 河東古宅 | 경북 안동시 풍천면 하회리 739-2
용궁현감을 지낸 유교목이 1836년(헌종 2)에 지은 집이다. 사랑
채·안채·행랑채·중문간채 등 기본형식을 골고루 갖춘 가운
데, 배치형식에서 조선 후기시대의 변화상과 자유로움을 엿볼
수 있다.

하회댁 河回宅 | 경상북도 성주군 월항면 대산리 410번지
흔히 한개마을 하회댁으로 불리는데, 1630년경에 건축된 것으로
추정된다. 대체로 조선 중·후기의 표준적 한옥구성을 유지하지
만, 사람이 계속 살아오면서 중수를 한 흔적이 많이 남아 있다.
아늑한 스케일과 깔끔한 마당이 인상적이다.

한규설 대감가 韓圭卨大監家 | 서울 성북구 정릉동 855-2
조선 후기 한성판윤을 지낸 한규설의 저택으로 1890년경 지은
것으로 추정된다. 서울 도심형 한옥답게 마당이 엄격하게 구획
되어 있다.

향단 香壇 | 경북 경주시 강동면 양동리 135
조선 중기의 건물로 회재 이언적(1491~1553)이 경상감사로 부임
했을 때 지은 집이다. 일반 한옥과는 다른 특이한 평면구성을 하고
있다. 오밀조밀함을 넘어서 미로에 가까운 묘한 분위기를 자아낸다.